MON PREMIER VOYAGE
EN FRANCE
1952

Titre original :
Rihlati al oula ila Farança
Éditeur original :
Daralharf
© Abdelhadi Tazi, 2008

© Éditions du Sirocco, 2009
pour la traduction française
ISBN 978-9954-8851-6-1

Éditions du Sirocco
4, rue Imilchil
Casablanca 20200 – Maroc
editions-du-sirocco@menara.ma

Abdelhadi Tazi

Mon premier voyage en France
1952

récit traduit de l'arabe (Maroc)
par A. El Kasri, adapté par M. Dequidt

Editions
du Sirocco

INTRODUCTION

Le célèbre historien voyageur Ibn Khaldoun évoque avec perspicacité les différences entre l'érudit enfermé dans sa sphère et celui dont les déplacements auront inévitablement enrichi le savoir...

En 1922, un jurisconsulte marocain, M. Mohammed ben Al Hassan Al Hajoui, lauréat de l'Université Al Qaraouiyine à Fès, entreprit un voyage en Europe et consigna dans un ouvrage qui excita ma curiosité toutes les observations qu'il avait notées.

En 1952, nous eûmes l'occasion, ma femme et moi-même, dans des circonstances que je relaterai plus loin, d'effectuer notre premier voyage en Europe. Il me parut alors intéressant de consigner à mon tour, trente ans plus tard, les observations que j'avais pu faire en tant que lauréat de la même université.

En 1952, nous nous rendîmes en France par voie terrestre, en traversant le détroit de Gibraltar et l'Espagne. Ce voyage allait avoir une influence telle, sur le couple d'abord puis sur l'ensemble de la famille, qu'il en détermina grandement le devenir.

Les pages qui suivent vous proposent de nous accompagner dans nos découvertes de l'époque.

Les prémices du voyage

Ma femme et moi-même, étions tous deux en rapport étroit avec l'activité nationaliste et le militantisme patriotique qui caractérisait cette époque.

Depuis 1947, j'enseignais dans une classe de cycle secondaire de l'Université Al Qaraouiyine à Fès.

Ma femme, Touria, appartenant à une famille traditionnelle de l'ancienne médina de Fès, enseignait l'arabe dans une école française. Elle fut parmi les premières marocaines à réussir le concours d'entrée aux écoles françaises en tant qu'enseignante en langue arabe. C'est ainsi qu'elle fit la connaissance de Mme Jeanne Oudard, enseignante dans la même école.

Très vite, une amitié solide s'était tissée entre elles et qui finit par gagner toute la famille. C'est ainsi que nous les recevions chez nous dans la banlieue de Fès où le jeune couple, accompagné de leur fils, Pierre, un enfant de huit ans, nous rendait souvent visite. Pierre devint vite l'ami de nos deux fils et nos familles se rapprochèrent au point que nous nous rencontrions même pendant les heures de repas, sans la moindre gêne. Ils habitaient le « Splendid » à Fès, un hôtel de la ville nouvelle, en attendant de trouver un logement convenable. Avec le temps, nous avions établi des rapports avec les amis du couple français qui, de son côté, faisait connaissance avec nos proches. Puis, ensemble, nous avions organisé des pique-niques en forêt dans la région d'Ifrane et de Meknès.

Jamais l'indiscrétion ne venait rompre cette concorde et jamais aucun de nous ne s'ingérait dans la vie privée de l'autre, notamment ses usages culinaires. De leur côté, nos amis consommaient du porc et buvaient du vin sans que nous n'en ressentions aucune gêne, discrétion qu'ils nous rendaient avec la même retenue. Ces éléments n'entraient pas en ligne de compte dans nos relations avec ces enseignants étrangers.

Un jour, Mme Jeanne contracta la typhoïde. Elle fut transportée d'urgence à l'hôpital militaire, à la sortie de Fès. Son mari, qui travaillait comme mécanicien, ne pouvait quitter son atelier durant la journée. Il lui était ainsi bien difficile de s'occuper du petit Pierre. Nous prîmes donc l'enfant chez nous en compagnie des nôtres.

Il devint partie intégrante de la famille. Nous lui achetâmes une djellaba, comme nous en avions acheté pour nos enfants lors d'une fête. Pierre commença à imiter mes enfants en tous points, même dans leurs prières, se prosternant et accomplissant des génuflexions comme il le voyait faire autour de lui. Son père venait l'emmener à l'école le matin et restait parfois avec lui à la maison, tard le soir. Pour notre part, sa présence ne nous posait aucun problème car il était vraiment sympathique, ayant de l'humour et se comportant le plus convenablement du monde.

Des mois passèrent à ce rythme. Nous rendions parfois visite à Jeanne et je sentais bien qu'elle était gênée comme si elle nous était redevable de quelque dette mais je la rassurais en lui disant que son fils était comme mon fils. Elle voyait bien que nous étions sincères ! Nous nous rendîmes compte, bien après, que dans ses correspondances avec sa famille en France, elle ne manquait jamais, comme pour oublier sa maladie, de leur parler longuement de l'hospitalité que nous avions offerte à son fils. Certes, elle exagérait beaucoup dans sa description d'une hospitalité qui ne nous coûtait en fait absolument rien : un enfant supplémentaire égayait notre maison et nous souhaitions vivement le rétablissement de la santé de sa mère.

Ma belle-mère se mit à apprendre à Pierre à prononcer les deux attestations de la foi musulmane : « il n'y a pas de Dieu en dehors d'Allah et Mohammed est son prophète ». J'entendais l'enfant s'efforcer de prononcer ces deux phrases en arabe... La vénérable grand-mère pensait qu'en gagnant ainsi l'enfant à l'Islam, Dieu allait lui multiplier ses faveurs ! On voyait bien que l'enfant était tout à fait indifférent aux phrases qu'il prononçait et dont il ne comprenait pas le sens.

A la fin du printemps 1952, Jeanne finit par recouvrer

la santé. Nous organisâmes une fête et participâmes à celle que donnèrent ses amis. A cette occasion, Jeanne nous invita en France pendant les vacances d'été car elle voulait nous présenter sa famille. Chaque jour, elle réitérait son invitation avec insistance et tous ses amis nous encourageaient à l'accepter. De notre côté, nous étions de plus en plus tentés par sa proposition.

Mais, comment faire ? Nous avions besoin d'un passeport, bien difficile à obtenir pour un marocain se rendant en Europe dans le contexte de la colonisation. Ajoutons à cela que j'étais recherché par l'autorité coloniale française. Je faisais partie de ceux qui avaient été incarcérés, une première fois en 1936, alors que, très jeune encore, j'avais participé à une grande manifestation dans la ville de Fès en signe de protestation contre l'arrestation de trois nationalistes : Allal El Fassi, Mohammed Ben Hassan Ouazzani et Mohammed El Yazidi. Puis, en 1938, lorsqu'on m'arrêta en flagrant délit avec des tracts subversifs que je distribuais après l'envoi en exil de Allal El Fassi par l'autorité coloniale puis enfin, en 1944, lorsque je fus accusé d'inciter les fassis à manifester après la présentation du manifeste de l'indépendance au gouvernement français. Ce qui me valut deux ans de prison ferme dont j'avais passé une partie à la prison de Sefrou et une autre partie à la prison d'Aïn Ali Moumen.

Comment pouvais-je demander la prolongation de mon passeport, dont la date d'expiration correspondait au 29 juin 1952, alors que toute l'administration savait que j'étais l'hôte fidèle des prisons coloniales ? Mes proches étaient inquiets. Ils étaient même certains que cela ne pouvait qu'éveiller les soupçons de la police. Cette année là, au Maroc, la situation était tendue et les rapports entre la Résidence Générale et les nationalistes étaient plus que difficiles. Bien plus, le sultan Mohammed V avait adressé une lettre au général Guillaume, résident général, datée du 14 mars, où il lui notifiait son refus de la politique coloniale et où il lui exprimait les craintes de ses méfaits sur le pays.

Nos amis insistaient et nous étions fort embarrassés, quand ils nous proposèrent de s'occuper eux-mêmes des démarches administratives.

Quelques jours après, mon passeport était prolongé... Tout y était écrit en langue française. Pas un seul caractère arabe !

LE DÉPART
VENDREDI 25 JUIN 1952

A six heures trente, ce matin-là, dans notre maison sur la route de Sefrou, l'effervescence régnait et toute la famille au grand complet était présente pour nous saluer.

Henri, le mari de Jeanne, possédait une voiture de marque allemande, une Bogward, toute neuve, où nous prîmes place : Jeanne et Touria derrière, moi-même et le petit Pierre à côté du conducteur.

Nous laissâmes les ruines de Volubilis à notre droite et fîmes une petite escale à Sidi Kacem. A neuf heures trente, nous étions à Mechraa Bel Laksiri, appelée aussi Arbawa.

Arbawa représentait la frontière interne séparant la zone sous protectorat français de celle sous mandat espagnol. Rappelons à cet égard que le Maroc était scindé en deux zones depuis le pacte de protectorat de 1912. On trouvait également une zone internationale à Tanger qui fut naguère la capitale diplomatique du Maroc indépendant.

A partir d'Arbawa, tout était différent : la police comme les procédures administratives. Nous passâmes une heure pour les formalités de douane ! Nous y avons également avancé nos montres de soixante minutes.

Je constatai rapidement que les politiques française et espagnole différaient en matière d'infrastructures. Les routes de la zone espagnole étaient pleines de nids de poule... Nous traversâmes Larache, une ville au passé glorieux, située au bord de l'Atlantique. Je résumai pour Henri l'ensemble de mes connaissances sur cette ville, tout au moins ce que j'en avais appris à l'école. A propos d'école, sur toutes celles que nous croisions était inscrit « Escuela ». A leur porte, les enfants achetaient des pois chiches sur de petites charrettes traînées par des marchands ambulants.

De Larache à Tétouan, la route fut vraiment difficile à cause de ses nombreux virages. Notre vitesse y était fort réduite et les panneaux « Obras[1] » nombreux. La fatigue et l'irritation finirent par nous gagner au point où je ne doutais plus de l'authenticité du propos du prophète qui dit : « le voyage constitue un passage aux enfers ».

En approchant de Tétouan où nous prîmes un café, nous entendîmes la célèbre chanson populaire de l'époque : « Toi, Tétouan entre les monts ».

Lorsque nous arrivâmes à dix kilomètres de Ceuta, Henri commença à parler avec beaucoup d'enthousiasme de la marocanité incontestable de cette ville. Il ne me semblait pas opportun d'en discuter à ce moment-là et je concentrai mon attention sur les paysages fort beaux que nous traversions.

---

1. Obras : Travaux.

A Ceuta, nous prîmes un café en attendant d'accéder à nos chambres à l'hôtel Atlante. Au cours de notre bref séjour dans celui-ci, le couple se fit une concurrence acharnée pour nous enseigner la culture hôtelière.

Le bain linguistique journalier avec nos amis nous permit une nette amélioration de notre vocabulaire en français. Cette année-là, j'avais obtenu le brevet en thème et version et je n'avais pas été peu fier de voir mon nom figurer parmi les admissibles, sur « Le Courrier du Maroc » qui paraissait alors à Fès. Je pratiquais donc cette langue avec d'autant plus d'enthousiasme.

Une fois installés à l'hôtel, nous fîmes une promenade dans la ville et mon attention fut retenue, à notre retour, par un groupe de prêtres dont le crâne était en partie rasé. Henri m'expliqua qu'il s'agissait d'une tonsure servant à distinguer ceux qui ont été acceptés dans les rangs du clergé de ceux qui ne le sont pas encore. Il m'en expliqua l'origine, « la tonsure est là pour qu'on se souvienne de ce qu'ont fait subir les Juifs à Jésus quand ils avaient décidé de le tuer ». En tout cas, cette tonsure me rappelait le Maroc car chez nous, lorsqu'on rasait la tête d'un enfant pour la première fois, certains y laissaient une touffe de cheveux dans un coin pendant que d'autres rasaient toute la tête.

Ce soir là, au restaurant, nous dînâmes avec tout l'attirail culinaire européen : fourchette, couteau, cuillère, auxquels nous n'étions pas habitués.

La journée avait été éreintante et notre nuit de sommeil bien méritée.

Au matin du 26 juin 1952, je contemplais, des fenêtres de notre hôtel, le fameux détroit de Gibraltar dont le sultan mérinide Abou Inan avait fait faire une maquette gardée jalousement dans son palais de Fès. J'avais plaisir à distraire mes amis avec ce genre d'anecdotes et ils semblaient apprécier.

« Victoria Algésiras », c'était le nom du bateau qui devait nous transporter du continent africain au continent européen. Une fois à bord, nous contemplâmes l'embarquement : les hommes, les voitures, les animaux. Des grues hissaient des chevaux affolés. Leurs sabots ruaient dans le vide. A onze heures dix, ce fut le départ : Adieu mes concitoyens ! Adieu l'Afrique ! Vous pouvez sourire, vous à qui la traversée aujourd'hui semble si banale !

A onze heures trente, nous apparut le fameux rocher de Gibraltar, imposant. Face à lui, les montagnes du Rif semblaient scruter l'horizon. J'aurais souhaité visiter ce haut lieu, ce qui était impossible, bien sur, à l'époque. Gibraltar, passage obligé pour la Méditerranée et que la Grande-Bretagne occupa en 1704, dans des circonstances consignées dans les livres d'histoire. D'un côté du mont grouillaient les promeneurs, de l'autre on apercevait de nombreux canons.

Le bateau sillonnait « la mer des Abysses », comme l'appellent les historiens arabes, pour rejoindre les terres d'Andalousie. A mes côtés, ma femme semblait quasi absente. Rien ne venait rompre son silence. Ses deux fils lui manquaient et elle se posait beaucoup de questions sur leur santé. Ainsi sont les mères...

Traversée de l'Espagne

En débarquant à Algésiras le 26 juin, je ne pus m'empêcher de songer avec amertume à la conférence internationale qui se tint dans cette ville le 16 janvier 1906 et qui aboutit, le 7 avril, aux accords d'Algésiras. Sous couvert de réformes, de modernité et d'internalisation de l'économie, le Maroc était placé sous la « protection » douanière et policière d'instances étrangères. Ces accords ne comportaient pas moins de trois cent résolutions, impossibles à respecter bien sûr et nous mirent sous la tutelle de pays avides de conquêtes coloniales. Cela aboutit au traité de protectorat signé à Fès le 30 mars 1912.

En débarquant, j'observai les toits des maisons recouverts de tuiles rouges à l'instar de nos demeures de Fès, dans la ville nouvelle.

Nous nous installâmes dans un café pour déjeuner frugalement avant de reprendre la route mais nous fûmes submergés par des nuées d'enfants presque nus, quêtant du pain avec insistance ou demandant l'aumône. Bien sûr, nous avions l'habitude de voir chez nous des mendiants mais pas en si grand nombre ni dans des guenilles aussi crasseuses. Ce spectacle nous désola et précipita notre départ.

Nous reprîmes la route à destination de Cadix à travers des forêts de pins mais bientôt un drame se déclencha entre nos amis. Pour une erreur d'itinéraire, des insultes fusèrent accompagnées de beaucoup de cris et de sanglots féminins. Jeanne s'était chargée du guide Michelin ! Ma femme et moi-même étions gênés d'assister à cette énorme dispute qui dégénérait et ne savions que faire pour calmer les esprits. Ce n'est que lorsqu'ils nous entendirent parler de notre intention de retourner à Fès immédiatement qu'ils se calmèrent. Nous reprîmes la route dans un silence oppressant.

Je constatais que les disputes conjugales sont internationales...

Nous traversâmes Jerez et son immense place parsemée de statues. Les toits des bâtiments ressemblaient à ceux des mosquées Qaraouiyine et El Andalous à Fès.

En approchant de Séville, le brouillard obstrua l'horizon et la visibilité ne dépassait pas cinquante mètres. C'était la période des récoltes et les agriculteurs, sur le dos de leurs ânes, ne différaient en rien de ceux que nous pouvions voir au Maroc.

Enfin, nous arrivâmes à Séville. Je pourrais l'appeler « Homs », la ville syrienne, tant je suis intrigué, en étudiant l'histoire, par ce que j'ai appris sur l'Andalous. Abou Al Baqaa Errondi[1] la chante, dans son poème panégyrique : « Où est Homs et ce dont elle regorge dans ses jardins » ?

---

1. Abou Al Baqaa Errondi : originaire de la ville de Ronda, Espagne.

Nos compagnons réservèrent dans un hôtel portant une enseigne française (Hôtel Francia). La majeure partie de l'hôtel était en fait une maison mauresque ancienne où il avait été ajouté des ailes et des pavillons. Les portes et les pièces comportaient de nombreuses inscriptions en arabe telles que « Allah est le seul Dieu ». Dans le hall, on pouvait lire, sculpté dans la pierre, « Dieu seul sera vainqueur ». Je me suis demandé quels pouvaient être ceux de nos parents qui vécurent ici.

Nous fîmes une promenade en ville et pour la première fois, Touria, ma femme, accepta de laisser de côté voile et djellaba qu'elle n'avait pas quittés depuis notre départ de Fès. Elle avait observé que sa tenue intriguait les passants et décida de se fondre dans la foule.

Au Maroc, le port du voile a toujours fait l'objet d'une problématique des plus ambiguës. Entre celles qui s'affichent à visage découvert et celles portant le voile, les discussions vont bon train et l'homme de la rue s'en accommode pour le moins bizarrement. Certains montrent du respect et n'osent aborder les non voilées, alors que d'autres prennent des libertés avec celles portant le voile !

Ce soir-là, nous visitâmes le minaret almohade, la Giralda, troisième des minarets érigés par les Almohades sur le même modèle : la Tour Hassan à Rabat, la Koutoubia de Marrakech, construits en commémoration de leur victoire dans la bataille d'Alarcos en 591 de l'hégire (1194 après JC).

Nous contemplâmes l'esplanade, ses statues et ses orangers et pénétrâmes dans ce qui est maintenant une cathédrale chrétienne et qui fut naguère une mosquée regroupant califes, savants et hommes d'état. Nous gardâmes nos chaussures au milieu de touristes des deux sexes. Encore une fois, je citai Errondi : « Même les mosquées furent transformées en églises, où ne subsistent plus que les cloches et les croix ».

Avant de dormir, nous demandâmes un oreiller supplémentaire et avions quelque difficulté à trouver le mot en espagnol. Nous éclatâmes de rire en entendant l'hôtesse nous dire : « Al mohada » ? Il est un fait que de nombreux mots espagnols, surtout en Andalousie, sont une adaptation de mots arabes : arroz, al barrada, rabda,...et que sais-je encore !

Le lendemain matin, nous enjambâmes le Guadalquivir pour prendre la route de Cordoue.

A proximité de cette ville, jadis centre du savoir, je relève que les femmes espagnoles de cette région font preuve de beaucoup de pudeur et de retenue. Reliquat du passé ? J'ai également noté, avec étonnement, que certains campagnards se déplaçaient sur le dos de leur monture pendant que leurs épouses marchaient à pied derrière eux, ce qui n'a pas manqué de me faire penser à des scènes habituelles de chez nous... Moi qui pensais que la femme en Europe avait fait des pas en avant !

Cordoue se trouve dans une plaine merveilleuse, un versant de montagne. Nous parcourons les rues de cette ville extraordinaire, superbe, à laquelle ont tant apporté les pensées islamiques et occidentales. Les constructions serrées témoignent d'un passé authentique.

    Malgré sa réticence, Henri était pressé d'arriver en France, je ne pouvais me permettre de le dispenser de nous emmener visiter l'une des œuvres les plus prestigieuses de l'art califal de Cordoue à son apogée : sa mosquée. La construction en débuta en 786 sur l'ordre de l'Émir régnant, Abd al-Rahman et s'acheva en 966. Elle finira par compter huit cent cinquante colonnes en marbre noir et rouge sur lesquelles reposent des arcades doubles, ce qui constitue un spectacle unique.

    Après la Reconquête espagnole de 1236, des extrémistes religieux la défigurèrent en implantant, au sein même de la salle de prière, une église gothique qui devint plus tard cathédrale. Cela nécessita la démolition de soixante trois piliers et le Roi Charles Quint, en visite à Cordoue lors de ces travaux, exprima en ces termes son profond ressentiment : « Si j'avais su ce qu'il y avait ici, je n'aurais jamais oser toucher à l'ancien édifice. Vous avez détruit quelque chose d'unique au monde et avez construit ce que l'on voit partout ».

    Quant à nous, le spectacle nous enchanta et nous désola. Nous avions le sentiment d'être dans un musée, certes merveilleux mais un musée quand même !

    Nous reprîmes la route. Au passage, j'examinai les potagers – je suis propriétaire d'un champs – et m'aperçus que les plants de tomates n'étaient pas supportés par des étais mais qu'on se contentait de les étaler par terre.

    Nous traversâmes des montagnes et des plaines, nous

cramponnant dans les virages sur une trentaine de kilomètres. Après avoir dépassé La Carolina, où nous déjeunâmes tout près d'une école, nous nous approchâmes des faubourgs de Madrid. Notre conducteur était vraiment adroit et compétent ! A quatre heures de l'après-midi, nous nous retrouvâmes sur la célèbre Place Charles Quint en plein Madrid où j'observai que les passants semblaient très conservateurs et religieux, mais c'était un dimanche. Je contemplai les statues et les fontaines regorgeant d'eau.

Henri était pressé et après une courte promenade à travers la ville, nous reprîmes la route en direction de Burgos. Nous avions les yeux rivés sur les kilomètres parcourus et ceux qu'il nous restait à faire !

Subitement, le temps se détériora. De gros nuages annonçaient l'orage et nous nous retrouvâmes au milieu des éclairs et des coups de tonnerre, accompagnés de pluies torrentielles. La température chuta brusquement et nous nous mîmes à la recherche d'un hôtel pour nous abriter.

Nous parvînmes à un motel, sur la route de Burgos. Il s'appelait Parador Somo-Sierra car nous étions en montagne à plus de 1500 mètres d'altitude. Je dois reconnaître qu'il tenait plus de l'étable que de l'hôtel ! La cour du motel grouillait de porcs revenus du pâturage et les lieux empestaient. J'ai été berger de porcs durant mon séjour en prison entre 1944 et 1945 et je connais bien cette odeur pestilentielle !

Les propriétaires étaient une famille de ruraux. Notre faim était décuplée par le froid et il nous fut servi une soupe de vermicelles à l'ail et de la viande à la tomate que nous dévorâmes. Ils nous accompagnèrent ensuite, munis de bougies, à nos chambres. Je retrouvais nos nuits à la campagne dans les environs de Fès. Nous passâmes alors une nuit inoubliable en compagnie des souris qui, sans crainte aucune, venaient nous renifler pour trouver à manger. Le lit défoncé sur lequel nous dormions gémissait au moindre de nos mouvements comme pour rendre compte de nos faits et gestes et une fois la bougie éteinte nous nous aperçûmes que nous n'avions pas d'allumettes pour nous déplacer dans le noir. A tâtons, nous redescendîmes dans le noir pour nous réfugier à l'étage des propriétaires de ce palace et, tremblant de froid, nous attendîmes que le jour se lève... Mieux valait en rire. Celui qui ne riait pas, c'était Henri. Il me dit : « Si nous n'avions pas visité la Mosquée de Cordoue, nous aurions disposé du temps nécessaire pour trouver un hôtel convenable à Burgos au lieu de cette écurie où nous disputons l'espace aux cochons du village ». Je hochai la tête pour acquiescer tout en pensant dans mon for intérieur que je ne regrettais rien...

A l'entrée de Burgos, nous croisâmes un car anglais flambant neuf, couché dans un ravin. Les effets du mauvais temps, sans doute ! Je me souviens qu'un des panneaux indicateurs disposés au long des routes aux États-unis dit ceci : « Rouler vite pour arriver plus tôt...à l'hôpital »...

Les gardiens de la paix portaient des capes noires à l'instar de ce que portent les savants de la Qaraouiyine à Fès pendant l'hiver. Les conditions atmosphériques étaient exécrables et la route en ruine. Nous arrivâmes finalement à Burgos que nous espérions rejoindre la veille...si je n'avais pas visité la Mosquée de Cordoue, je sais !

Burgos : ses statues et ses églises. La cathédrale était immense et ingénument, je dis « ce doit être la plus grande cathédrale du monde ». Henri me répondit avec un petit sourire narquois : « nous verrons bientôt Notre-Dame de Paris ».

Au cours de notre voyage, nous apprîmes un certain nombre de dictons populaires tels que « À vos souhaits » lorsqu'on éternue, ou bien « Un bon bâilleur en fait bâiller sept ». Cela me permit d'assimiler un certain nombre d'expressions courantes et d'améliorer mes connaissances en français !

Près d'une source où l'on avait disposé des bancs de repos, Henri se rasa, ce qu'il n'avait pas fait depuis notre départ, mais la France approchait et il s'agissait d'être impeccable. Je l'ai d'ailleurs entendu se plaindre : « Aie ! Je me suis coupé ».

La route était encombrée de véhicules venant de France ou inversement, transportant des employés ou des ouvriers. Sous une pluie battante, nous traversâmes de hautes montagnes et franchîmes les tunnels. Les paysages étaient magnifiques à travers le rideau de pluie. Les fumées s'échappant des usines disséminées un peu partout annonçaient une région plus développée. Henri nous fit observer qu'on ne trouvait pas en Espagne l'équivalent des trains électriques français.

Nous fîmes une courte halte à Vitoria pour acheter, déguster et emporter des fruits tels que pêches et poires. Je découvris à

Vitoria un produit que j'allais utiliser toute ma vie : la Carmella. Il s'agit d'une eau que l'on utilise pour lutter contre les cheveux blanchis précocement. J'en possède en permanence depuis.

Après Vitoria, nous prîmes la route de San Sebastian, frontière entre la France et l'Espagne. Sous la pluie toujours, nous traversâmes Al Sasua. Les agriculteurs avaient couvert la tête de leurs bœufs de peaux de mouton pour les prémunir du froid et de la pluie. Un dicton local situe la force des bœufs dans leur tête et celle des chevaux à leurs épaules.

La diversité des paysages nous séduisait vraiment. L'horizon était couvert de sapins aux branches enchevêtrées. Jeanne nous fit remarquer que les Vosges, sa région natale, que nous verrions plus tard, était comparable à cette contrée.

Dans un village, nous fîmes provision de chocolat et de sardines ! A hauteur du Golfe de Gascogne, nous eûmes une vue magnifique sur l'océan Atlantique et Saint-Jean-de-Luz.

Nous atteignîmes Irun et c'est là, sur la page 7 de mon passeport, que fut apposé le visa de la police des frontières marquant mon entrée en France. Il porte la date du lundi 28 juin 1952.

Nous étions dans les Pyrénées. La rivière Bidassoa constitue la ligne de démarcation entre les deux pays. Une moitié du pont est espagnole, l'autre est française. L'asphalte du côté français est noir et celui de l'Espagne plus clair. D'un côté du pont, les panneaux sont écrits en espagnol, de l'autre côté, les panneaux sont écrits en français : la langue a toujours été le symbole de la souveraineté.

LA FRANCE

La France ! Le pays de la liberté. A peine la frontière franchie, nous avions vu de plus en plus de jeunes portant short court et faisant du stop le long des routes. L'Espagne était plus conservatrice ! Autre constatation immédiate : les files interminables de voitures... Là encore, à l'époque, l'Espagne était pauvre et l'argent s'y faisait rare.

Nous étions fatigués et avions envie de dormir mais la beauté et la diversité des paysages traversés nous tenaient en haleine, en roulant vers Bordeaux. Ce fut une succession ininterrompue de forêts spacieuses, « affolant » comme aiment le dire les Égyptiens !

A notre arrivée à Bordeaux, nous fûmes subjugués par la ville et ne savions plus où tourner la tête : les tramways, les bus, la foule, la faculté, la cathédrale, l'hôtel de ville, les portails grandioses, les monuments...que c'était beau ! Ce modernisme soudain nous enchantait. Nous avions conscience d'entrer dans un autre monde. Qu'il était loin ce Maroc dont nous avions pensé ingénument qu'il était à la pointe du progrès... Cela remettait les pendules à l'heure !

A propos d'heure, Henri, pressé, nous fit visiter cette ville uniquement en voiture. Il ne voulait pas perdre de temps pour rejoindre sa famille et accélérait le mouvement comme les chevaux qui sentent l'écurie ! Nous fûmes quand même autorisés à nous arrêter pour acheter des cartes postales destinées à notre famille.

Nous reprîmes immédiatement la route en direction d'Angoulême. Les panneaux routiers étaient très clairs, les croisements bien signalés. Nous enjambions de grands ponts sur de grands fleuves et avalions la route en rencontrant, comme en Espagne, de grands bœufs attelés, utilisés comme moyen de transport. L'empreinte campagnarde était évidente.

Entre Angoulême et Poitiers, n'en pouvant plus, nous jetâmes notre dévolu sur un hôtel restaurant où nous séjournâmes une nuit et reprîmes la route vers Poitiers. Dans la voiture, les conversations allaient bon train et nous en étions à apprendre les expressions populaires françaises telles que : « les receleurs sont des voleurs » ou bien « tu mens comme un arracheur de dents ». De même, certains gestes nous faisaient sourire : quand quelqu'un essuyait un échec, pour le tourner en ridicule, nous voyions nos amis applaudir des ongles de leurs pouces et non des paumes de main.

En traversant les cols escarpés des montagnes, où nous retenions notre souffle, Henri évoquait fréquemment Saint Christophe, un saint vénéré par les chrétiens pour conjurer les accidents et dont beaucoup de voitures de la région portaient l'effigie. Henri insista pour qu'à mon tour, j'intercède auprès de lui pour nous protéger. Je rusai et, en arabe, je dis : « Mon Dieu ! Tu es notre seul protecteur et non pas Saint Christophe ». Le visage d'Henri s'illumina et plus tard, en racontant les dangers de la route à ses amis, il ne manqua pas de relater : « même M. Tazi a bien été obligé de demander l'aide de Saint Christophe ».

Nous abordâmes la descente vers Poitiers. Je me remémorais mes cours d'histoire. Nous apprenions par cœur l'œuvre du Prince Chakib Arsalan[1], « Histoire des conquêtes arabes ». Mais pourquoi s'étaient-ils arrêtés à Poitiers ? Certains aspects de la ville la rapprochaient de Zerhoune, près de Volubilis et notamment son emplacement au pied de la montagne.

Nous passâmes ensuite par la ville de Tours, très belle ville traversée par la Loire, ce fleuve paresseux, particulièrement en été, où les agriculteurs rusaient dans les campagnes environnantes dans le but d'irriguer leurs champs. Ils installaient des rails en acier sur lesquels circulaient des chariots citernes munis de tuyaux d'arrosage. La région était particulièrement fertile et ses habitants pratiquaient un français châtié, dit-on.

Nous rencontrâmes bon nombre de châteaux renommés dont celui de Charles VII où avaient résidé les rois de France. La Loire était enjambée par des ponts splendides dont l'un avait été détruit pour contrecarrer l'avancée des troupes allemandes durant la dernière guerre. L'Histoire est un éternel recommencement : les marocains, dans le passé, avaient fait de même avec le pont de

---

1. Émir Chakib Arsalane (1869-1946).

Wadi al-Makhazin[2] pour barrer la route aux portugais pendant la bataille des Trois Rois. Partout, nous constations l'ampleur des reconstructions pour restaurer ce que la guerre avait détruit.

Nous déjeunâmes frugalement sur les bords de la Loire et nous dirigeâmes vers Montargis et Sens. Bien que pressé, Henri nous permit tout de même une petite halte en forêt avant de repartir pour Troyes. Nous y vîmes des chevaux superbes ! Comment ne l'auraient-ils pas été avec cette herbe abondante et ce climat tempéré. Puis ce fût Saint Dizier où, la aussi, nous vîmes de nombreux travaux de reconstruction.

A l'approche du département de la Meuse, nos compagnons s'animèrent. Henri attendait avec impatience l'arrivée à Bar-le-Duc où résidait sa mère qu'il n'avait pas vue depuis longtemps. Ils nous contèrent mille anecdotes moqueuses au sujet des habitants des alentours. La médisance n'a pas de frontière et nous faisions de même à Fès au détriment de nos voisins meknassis ou marrakchis qui nous le rendaient bien !

Le mardi 29 juin 1952, nous pénétrâmes à Bar-le-Duc par le côté supérieur où se trouve le château du Duc et nous rendîmes visite immédiatement à la maman d'Henri.

Mme Oudard était veuve depuis longtemps et vivait seule. Sa solitude nous semblait étrange à nous qui prenions en charge nos parents vieillissants et les logions parmi nous. Rançon du modernisme ? Nous la saluâmes avec beaucoup de respect. A notre arrivée, elle était en train d'effeuiller un gros artichaut. Ma femme,

---

2. Bataille d'Oued al-Makhazine, 1578.

enceinte de peu, en eut envie et je ne tardai pas à transmettre sa demande. Elle eut alors droit à une feuille unique, accompagnée de beaucoup de souhaits pour sa grossesse. Nous en déduisîmes plus tard en riant que le geste suffisait à exprimer la générosité au détriment de la quantité.

Nous trouvâmes dans son salon des journaux, notamment « l'Est Républicain » du mardi 29 juin 1952. L'un des articles attira vivement mon attention. Il relatait : « Le Bey de Tunisie refuse d'apposer son sceau sur le programme de réformes imposé par le résident général français. Il demande un délai de quelques mois pour en cerner le contenu. » Un autre article relatait l'explosion d'une bombe à Tunis. Comme en cette même période, les relations entre la France et le Maroc se dégradaient et s'envenimaient, j'étais d'autant plus intéressé par ce qui se passait en Tunisie.

Après cette visite, nous nous rendîmes à quelques kilomètres de Bar-le-Duc, à Behonne, chez la maman de Jeanne où allait se regrouper durant quelques jours, dans la vaste maison familiale, une grande partie de la famille afin de fêter l'arrivée de nos amis. Nous fîmes leur connaissance au cours du dîner auquel nous fûmes conviés. La mère de Jeanne nous dévisageait avec curiosité et fit tout pour nous être agréable. Elle nous annonça d'ailleurs que nous passerions la nuit chez elle, mettant une chambre à notre disposition.

Nous profitâmes de la soirée pour commencer notre courrier et, bien sûr, nous débutâmes par nos proches. Je rédigeai un télégramme de quatorze mots destiné à mon père. Il me coûta

198 francs. J'écrivis également à mon maître et à mes collègues à Fès. Je n'étais pas peu fier que ce fût de France. Notre courrier était si abondant que nous ne le terminâmes que le lendemain matin.

Au déjeuner familial, le lendemain, Henri ne cessa de réclamer de la moutarde dont il raffolait !

La mère d'Henri m'informa que le roi Farouk d'Égypte avait quitté définitivement son pays pour l'Italie, sous la pression de l'armée.

Nous rendîmes visite, l'après-midi de ce même jour, à la sœur d'Henri qui habitait une petite ville très calme nommée Revigny. Elle nous fit promettre de venir déjeuner un jour prochain dans sa belle maison entourée d'un grand jardin. Elle nous offrit des boissons. Nous constations avec amusement que personne ne pouvait concevoir autour de nous qu'on puisse rendre visite sans goûter toutes les saveurs des vins… Il y en avait de toutes les couleurs : rouge, rosé, blanc. Sans parler des verres ! Nous n'en avions jamais autant vus : grands, moyens, petits. Nous qui nous contentions de verres ordinaires ou dorés ! Par contre, nous faisions preuve de curiosité et nous intéressions à l'âge, à l'origine, aux caractéristiques des vins…et à leur effet ! Henri résumait, en parlant de nous : « Ils sont comme les grenouilles, ils vivent avec de l'eau ».

A notre retour à Behonne, nous découvrîmes des invités supplémentaires dans la maison : le professeur Perrin, son épouse, sœur de Jeanne, et leur fille, qui étaient venus d'Allemagne pour les retrouvailles. Cet éminent professeur était le recteur adjoint de l'Université de Hambourg, alors sous occupation française. Il parlait six langues.

Au lieu de présenter ma femme à l'épouse de M. Perrin, je me présentai le premier comme il est d'usage au Maroc où les hommes précèdent les femmes. L'épouse du professeur, après m'avoir pris les tempes entre ses mains, m'appliqua un baiser sonore sur les joues, m'exprimant ainsi, je pense, toute l'estime et la reconnaissance qu'elle avait pour les Tazi. Je prévins ma femme, discrètement, que vraisemblablement les hommes aussi allaient l'embrasser. Elle soupira qu'ils n'y parviendraient pas. Malicieusement, je me plantai auprès du professeur pour voir ce qu'il allait advenir de ma femme dans ce purgatoire si peu orthodoxe... Devant lui, elle détourna le visage, le beau-frère arriva à lui effleurer les cheveux et le jeune frère de Jeanne parvint à l'embrasser. De retour à mes côtés, elle m'exprima sa gêne devant ces étranges coutumes et je lui expliquai à mots concis l'innocence de ces gestes commis sans intention malsaine. On ne pouvait ni les suspecter ni leur en vouloir. Enfin, n'étions-nous pas dans un pays étranger dont il fallait accepter les usages. Il fallait nous y accoutumer. Comme dit l'adage arabe : « Celui qui entre en Dhofar, à lui d'apprendre la langue des himyarites! »

Dhofar est une région de l'Oman où était arrivé un voyageur étranger. Le sultan le reçut sur la terrasse de son palais, en été. Il l'invita à s'asseoir en lui disant « Tib ». L'étranger fit un saut périlleux hors du balcon et se brisa la jambe. Dans son dialecte « tib » signifiait « saute ». Lorsque le sultan sut la cause de son malentendu il dit « celui qui entre au Dhofar doit apprendre le himyarite ».

Après le dîner, nous fîmes plus ample connaissance en nous installant au salon où l'on nous interrogea longuement sur les conditions de notre voyage. Nous n'omîmes rien, y compris la porcherie où nous passâmes une nuit. Henri en profita pour se congratuler sur ses talents de conducteur, ils étaient d'ailleurs tout à fait authentiques !

Épuisés, nous sombrâmes ce soir là dans un profond sommeil. Notre chambre était spacieuse et attenant à celle du couple Perrin. Nous fûmes réveillés le lendemain par le chant des oiseaux. Après le bain, je descendis au salon pour bavarder avec le professeur Perrin.

J'appréciais sa gentillesse, son humour et sa culture. Il me raconta que lorsqu'il fut au courant de notre venue en France et avant de nous rencontrer, il avait tenu à étudier les rudiments de l'Islam pour mieux connaître cette religion dont nous avions fait notre credo. Jeanne lui avait appris que nous étions des musulmans pratiquants. Il convint que sur certains aspects, Islam et Chrétienté étaient foncièrement en harmonie. Par contre, il était visiblement intrigué par la gêne qu'il avait ressentie chez ma femme, la veille, au moment des salutations et voulut connaître la position de l'Islam sur le fait qu'un homme touche une femme. Leur était-il interdit de se serrer la main ou de se prendre dans les bras ? Je lui répondis :

« Il y a un certain nombre de situations qui montrent que l'Islam tient compte plus des intentions que des apparences. Dans notre jurisprudence, celui qui accomplit ses ablutions avant la prière peut relever de quatre critères dont trois l'obligent à refaire les dites ablutions : le premier est l'intention de toucher ; le deuxième cas stipule qu'il n'y a pas eu d'intention mais qu'au moment de toucher il y ait eu une sensation de plaisir. Là aussi, cela invalide les ablutions. Le troisième cas stipule et l'intention et la sensation de plaisir. Bien sûr, là encore, les ablutions doivent être refaites. »

- Et qu'en est-il du quatrième cas, demanda-t-il ?

- C'est celui où il n'y a eu ni intention de toucher ni sensation de plaisir. L'acte est parfaitement innocent, non prémédité. Les ablutions restent valables.

- Excellent, excellent, commenta le professeur, c'est une attitude fort raisonnable.

Par pure coïncidence, ma femme se dirigea à ce moment même vers le salon. Le professeur se leva, s'inclina pour la saluer et lui dit : « Madame Tazi, sans désir et sans plaisir » !

Une fois seuls à nouveau, le professeur se tourna vers moi :

- J'ai parfaitement compris ce que vous m'avez dit à propos des quatre cas prévus par la jurisprudence islamique. Mais si j'ai bien saisi, il s'agit des attouchements d'une femme à son mari. Qu'en est-il d'un étranger avec une musulmane ou inversement ?

Je tentai une seconde fois de lui montrer que l'Islam accorde une importance primordiale à la bonne ou mauvaise intention et je lui donnai l'exemple des médecins étrangers auscultant une musulmane ou celui de la praticienne étrangère, un musulman.

Il me demanda tout de même si l'Islam interdisait à la

femme de regarder dans les yeux son interlocuteur étranger. Il avait certainement remarqué que mon épouse gardait les yeux baissés lorsqu'ils se parlaient ! Nous terminâmes cette discussion par « on y reviendra »...

Nos journées à Bar-le-Duc se passaient en courtes promenades dans les environs. Nous sentions que les gens d'ici nous devançaient dans leur mode de pensée et qu'il n'y avait pratiquement pas d'analphabètes !

Un soir, nous prîmes place aux cotés de la mère de Jeanne, l'écoutant faire état de son quotidien et racontant ses souvenirs. Elle tenait un album de photos et nous montra celles de sa mère et de son père. Nous comparions et faisions la différence entre nos deux sociétés. Nous n'avions pas la moindre photo de nos parents... si, j'en possédais une tout petite de mon père qui avait été réalisée à Fès. Il se déplaçait parfois en zone sous protectorat espagnol et, dans ce but, un passeport lui était indispensable. La prise de photo était alors tout un cérémonial auquel assistait toute la famille ! Le photographe israélite, dans la ville moderne, devait couvrir d'un voile noir l'objectif et s'assurer que l'appareil était bien établi sur le sol pour éviter toute secousse.

J'écrivis à mon père le mercredi 30 juin 1952 et lui narrai notre arrivée dans cette famille qui nous avait si bien accueillis que nous avions le sentiment d'être au milieu de proches que nous aurions connus depuis des années. Dans une lettre postérieure, je lui dirais : « celui qui n'a pas visité ces contrées est en fait encore sous terre. C'est un autre univers et en faire connaissance sans grands frais est pour nous une aubaine. Tous les proches de nos hôtes montrent beaucoup de convivialité à notre égard, respectent nos traditions…jamais de viande de porc au menu, pas plus que de consommation de vin de manière ostentatoire ».

La maman d'Henri continuait, à plus de soixante-quinze ans, de lire quotidiennement le journal, commentant informations et opinions. La mère de Jeanne en faisait autant. Après les tâches ménagères, elle consacrait son temps à écouter la radio, lire les journaux et passait quelques moments à jouer du piano.

Dans une lettre à mon frère, j'écrivis :

« Les femmes ici, de la grand-mère à la mère, à l'enfant, l'agriculteur…tous ont une part d'instruction, tous commentent les évènements, tous participent à la discussion. Dans chaque ville, il y a un lycée préparant au baccalauréat ; l'enfant de quatorze ans est titulaire du certificat d'études et celui de vingt ans déjà inscrit dans une des nombreuses facultés du pays. En dehors de leur temps d'étude, les français travaillent avec optimisme et tentent de profiter de chaque instant. Où en sommes-nous de tout cela ? Je m'engage, avec l'aide de Dieu, s'il m'en donne les moyens, à vous faire tous venir dans ces contrées, voir de vos propres yeux ce monde nouveau. Pour nous hisser à leur niveau, il n'y a qu'une seule chose à faire : nous atteler à l'étude, en dépit des obstacles et des difficultés. Je vous dis tout cela pour être au fait de ce qui se passe ».

En fait, j'étais dépité et jaloux. J'eusse aimé que notre population marocaine en soit à ce niveau.

Nous consacrâmes une partie de la journée du vendredi 1er août au bain public. Cela me rappela un vieil ami qui affirmait qu'une visite à un pays étranger où l'on n'aurait pas été au bain était comme amputée de son essentiel. A chaque fois qu'il visitait un pays d'Orient, l'Égypte ou Damas, il tenait à aller aux bains. C'était pour lui un critère pour mieux connaître les peuples...et leur attachement aux principes de la propreté.

Il racontait aussi à propos des bains au Maroc une anecdote dont je me souviens avec délectation. Lors d'un passage dans un bain de Marrakech, il avait fait la remarque à un baigneur qui s'était complètement dénudé de mettre son pagne. Celui-ci lui avait répliqué qu'il n'avait rien volé pour être obligé de le dissimuler !

Le bain de Bar-le-Duc différait bien des nôtres en propreté et promiscuité ; aucun rapport avec nos salles de hammam où les gens étaient entassés dans une semi obscurité et où pénétrait une vague lueur par des fentes au plafond.

Ici, on ne se lavait que le corps et la toilette de la tête se faisait à la maison. Ainsi, on ne polluait pas le bain par les shampoings et on évitait de s'enrhumer. Il y avait parfois de courtes distances à parcourir nus pour se rhabiller et des conversations s'instauraient au passage, sans aucune gêne de ce que des regards indiscrets auraient pu surprendre.

Décidément, Dieu nous a conçus bien différents les uns des autres sur le plan des moeurs.

Lors de ce voyage, nos hôtes français étaient souvent ébahis quand je leur disais que j'étais professeur sans préciser la matière que j'enseignais. Au Maroc, en 1952, la notion de spécialisation ne nous était pas encore parvenue. Je leur disais, le plus sérieusement du monde, que j'enseignais le droit musulman, les mathématiques, la géographie et la littérature arabe. En ces temps, notre tradition scientifique voulait que tout savant soit polyvalent aussi bien dans sa formation que dans son aptitude à enseigner. Ainsi, un *faquih* chez nous, tout en n'enseignant que la jurisprudence, connaissait parfaitement grammaire, astronomie... En Europe, la notion de polyvalence était, bien sûr, tombée aux oubliettes et une formation devait nécessairement être spécialisée.

Nous avions réservé la journée du jeudi 31 à la visite de la ville historique de Verdun dont nous avions tant entendu parlé. Son héroïsme et son martyre pendant la guerre mondiale étaient légendaires. La fin de celle-ci n'était pas si lointaine et ses stigmates nous apparurent tout au long de notre visite.

Nous empruntâmes une large route qu'on appelle ici « la Voie sacrée ». Elle s'étale sur quarante-cinq kilomètres. Tout au long, des casques accrochés un peu partout symbolisent la résistance de la ville. Sur cette route, passaient les équipages militaires et les provisions alimentaires avant que la ville ne fût libérée de l'occupation allemande. La voie rejoint une autre route appelée « Route de la liberté », d'où surgirent les américains pour libérer la ville. Plus loin, une autre route mène aux frontières vers le Luxembourg.

Au passage, nous rendîmes visite à un frère de Jeanne. Me voyant constamment prendre des notes, un ami leur demanda : « Est-il venu au monde un crayon à la main ? »

Nous poursuivîmes notre visite en nous rendant au cœur du lieu où s'était déroulée la bataille entre Français et Allemands.

Plus loin, dans un immense cimetière dont je garde encore l'image funèbre en tête, reposaient quinze mille soldats dans des tombes dont les épitaphes portaient leur nom. Les soldats inconnus, eux, étaient rassemblés dans une fosse commune. Plus loin encore, une suite de cimetières ; un tableau qui nous inspira une infinie tristesse. Nous arrivâmes enfin au cimetière où la bataille avait été conclue. On nous apprit que le Maréchal Pétain, suivant ses vœux, fut enterré là. Ironie du sort et foin de la politique. Nous parvînmes ensuite dans les tranchées où, pendant que les soldats combattaient, ils furent pris dans un piège tendu par les soldats nazis. Tous succombèrent. A l'entrée, une pancarte interdisait l'accès aux visiteurs car des bombes y étaient encore enterrées. Les habitants nous décrivirent le piège tendu par les Allemands à l'endroit surnommé « la zone rouge ».

Plus loin, c'était Fleury dont il ne subsiste rien sinon un amas de pierres portant l'enseigne du nom de la ville. Ce nom me rappela un haut plateau sur la route de Sefrou, au Maroc, que le protectorat appela « Mont Fleury ». Que de dégâts, que de victimes... Plus jamais cela.

Nous dînâmes ce soir-là dans une petite ville appelée Saint-Michel que les Allemands avaient occupée pendant quatre ans. Son nom était omis et son héroïsme comme effacé des mémoires.

Au retour, j'observai, une fois de plus, combien la conduite était aisée en France, les directions bien indiquées et un simple coup de phare nous montrait la distance encore à parcourir.

Un joli clair de lune nous invita à prolonger la soirée et mon ami Henri en profita pour m'apprendre la comptine « Au clair de la lune » qu'il recopia même dans mon journal !

Le vendredi 1er août 1952, nous devions nous reposer de l'éreintante visite de Verdun. Pour moi, nul repos...je considérais ce voyage comme un voyage d'étude d'autant plus que pendant cette journée j'étais en compagnie du professeur Perrin. Toute chose était prétexte pour lui à un développement qui retenait toute mon attention. Il m'apprit ainsi que l'homme est autant de fois homme qu'il connaît de langues dans leur expression latine et savante. Il en parlait lui-même six. Ce qui me fit évoquer les deux vers de Safiy Addine Al Hilli[3] où il dit :

> « *Les langues que connaît l'être ne peuvent que lui profiter*
> *Il en prend conscience lorsque s'imposent à lui les difficultés*
> *Accours, donc, accours à apprendre toute langue*
> *Car réside une personne différente en chaque langue* ».

J'en profitai donc pour glaner toutes les informations que j'ignorais. Notamment, j'étais curieux de connaître la hiérarchie

---

3. De Al Hilla, ville d'Irak.

ecclésiastique en Europe. Lors de sa visite au sein de la famille, je m'en entretins avec Monsieur le Curé qui, outre sa fonction religieuse, avait une grande expérience de la vie en société. Il était d'avis, à raison d'ailleurs, que dans une classe, les élèves participaient grandement à la formation de leur professeur, ce qui me rappela notre adage populaire : « Apprenez, ô barbiers, la coiffure sur la tête des orphelins ».

Il nous développa, par la suite, un exposé sur les différences entre catholiques et protestants, entre fidèles et croyants, nous indiqua que les pasteurs protestants pouvaient se marier mais non les prêtres catholiques. Il nous apprit que l'évêque catholique est le représentant du pape et que le prêtre représente l'évêque, que les protestants n'ont pas de pape.

Le soir, le ciel se couvrit de nuages. La mère de Jeanne prépara à Monsieur le Curé une salade au persil dont elle nous vanta les vertus médicinales.

Nous fûmes informés sur la situation en Égypte par l'hebdomadaire « Le Meusien ». Nous y lûmes l'avertissement adressé par Najib[4] à partir de la France au roi Farouk, lui signifiant qu'il devait quitter l'Égypte avant le 16 juin à 18 heures.

Nous parlâmes également de dressage de chiens et de leurs nombreuses races. Au contraire du Maroc, le chien faisait ici partie de la maison, tout comme nous considérons le chat chez nous. Celui-ci est préféré au chien en dépit du fait que ce dernier occupe

---

4. Muhammad Najib (1901-1984) : révolutionnaire opposé à la monarchie égyptienne, 1er président de la République proclamée en juin 1953.

une place de choix tant en littérature arabe qu'en droit musulman et qu'il fait l'objet d'historiettes et anecdotes amusantes, surtout dans l'ouvrage d'Ibn Al-Marzuban intitulé « Les vertus des chiens par rapport à un grand nombre de ceux qui portent des vêtements[5] ».

Ce jour-là, nous rendîmes visite à la tante d'Henri, institutrice, qui habitait à près de quarante kilomètres de Behonne. Nous discutâmes longuement avec elle du système scolaire français et surtout du nombre élevé d'élèves dans une classe : soixante enfants, à l'époque.

Fort curieuse, elle tint à connaître une foule de détails sur le Maroc. Combien coûtait le lait ? Le raisin marocain était-il semblable à celui de la France ? Le vin avait-il la même saveur ? Tant de questions finirent par éveiller notre nostalgie des produits naturels de notre pays, obtenus sans le moindre procédé chimique.

Disposant enfin de toutes les informations, la tante finit par féliciter le jeune couple de son choix du Maroc et les encouragea à y élire définitivement domicile.

Le vocabulaire employé par la tante raviva ma soif de connaissances et je me mis à consigner bien des termes employés dans mon carnet.

Au moment du départ, notre hôtesse insista pour qu'on entame l'hymne des adieux « Ce n'est qu'un au revoir », tant elle espérait, à l'avenir, renouveler cette réunion !

---

5. *The superiority of dogs over many of those who wear clothes*, de Ibn Al-Marzuban, traduit par G.R. Smith et M.A. Abdel Haleem - Aris & Phillips, Oxford, 1978. A partir d'un manuscrit du 10ème siècle, Bagdad.

La France (suite)

Ce fut une première pour nous ! Ce dimanche 3 août, nous devions assister au baptême du nouveau-né du frère de Jeanne. Il porterait le nom d'Etienne.

La cérémonie eut lieu à la cathédrale de Verdun où toute la famille se rendit. Debout devant le groupe, le prêtre récita des prières ponctuées de « Amen » et de « Ainsi soit-il » de l'assistance. Les enfants de chœur remirent ensuite au prêtre un peu de sel qu'il posa sur les lèvres du bébé pour que Dieu accorde à celui-ci la sagesse, puis ces mêmes enfants donnèrent de l'huile au prêtre qui en plaça une goutte dans la bouche de l'enfant afin que nul démon ne s'empare de son âme. On mit ensuite le nouveau-né dans un bénitier où on l'aspergea d'eau pour le purifier. On le transporta ensuite dans une autre partie de la cathédrale où on éteignit deux bougies pendant la récitation de prières supplémentaires ; puis toutes les personnes présentes, dont nous faisions partie, apposèrent leur signature sur un grand registre.

Pendant que nous sortions de la cathédrale, les cloches se mirent à carillonner pendant une dizaine de minutes. L'opération se faisait encore manuellement, ce qui demandait un grand effort. Aujourd'hui, bien souvent, la fée électricité épargne à l'homme tant d'efforts.

Après la cérémonie, nous rejoignîmes la maison de la grand-mère où furent servis des gâteaux, des rafraîchissements et des sucreries de tous genres. On nous distribua des petits billets où étaient inscrits le nom du nouveau-né et sa date de naissance, ainsi que des dragées. J'appréciai tant ce geste, qu'une fois au Maroc et à l'occasion de la naissance de ma fille Seloua, nous fîmes de même, ce qui laissa tous nos invités pantois de surprise. Et bien, le dialogue des civilisations ne commence-t-il pas là ?

Après la fête, nous nous sommes rendus à Revigny, en réponse à une invitation chez la sœur d'Henri.

La sœur d'Henri et son mari habitaient la splendide ville de Revigny, pas très loin de Bar-le-Duc. Ils avaient deux enfants, garçon et fille. Grégoire, le mari travaillait la terre et s'occupait d'affaires, Huguette, sa femme, une personne très aimable, s'occupait de sa maison. Ils nous reçurent très chaleureusement et j'avais l'impression que Jeanne avait beaucoup exagéré dans ses correspondances au sujet de l'hospitalité que nous avions réservée à son fils durant sa longue maladie. De mon côté, j'avais tant de questions à poser qu'elles frôlaient parfois l'impertinence ! Comment ils avaient acquis leur maison ? A quel coût ? Qui s'occupait du jardin, etc.

Nous devions déjeuner chez eux et la conversation allait bon train.

Dans le jardin, la maman aida leur jeune fille à se démêler les cheveux. Celle-ci tenait à la main un livre que je pris d'abord pour un ouvrage de contes pour enfants. Lorsque je lui demandai dans quelle classe elle était, elle me répondit « en première année de médecine » ! Quand elle s'aperçut de mon étonnement, elle enchaîna : « j'ai perdu une année pendant laquelle j'ai été malade ». Une fois de plus, je constatais que l'enseignement ici était une nécessité vitale. Dans mon journal personnel, j'exprimai à l'époque mon désarroi vis-à-vis de notre enseignement, pensant qu'il n'atteindrait jamais ce niveau.

La jeune fille était aussi aimable, spontanée et curieuse que ses parents. Elle me demanda notamment si nous écrivions comme les français, de gauche à droite, ou comme les chinois, de haut en bas. Moi, par contre, je voulais profiter de ses connaissances élémentaires en médecine pour savoir comment traiter les aphtes dans la bouche, dus très probablement à des fruits mal lavés. Son père, qui arrosait le jardin, vint nous rejoindre et nous offrit des mirabelles, un fruit que nous ne connaissions pas, dont nous trouvâmes la saveur agréable.

Le fils se joignit au groupe. Il préparait son baccalauréat.

Ces deux jeunes se préparaient, pour leurs vacances, à parcourir sept cent kilomètres en bicyclette pour rejoindre le Luxembourg par étapes de soixante kilomètres par jour.

De tout cela, je rendis compte, par lettre, à mon père.

Face à cette merveilleuse jeunesse, je ne pouvais m'empêcher d'établir des comparaisons avec la situation des jeunes de notre Maroc coupé en deux et qui ne soupçonnaient même pas semblable liberté et volonté de s'enrichir l'esprit par la culture et les voyages.

J'enviais ce monde merveilleux où tous, enfants, adultes et vieillards des deux sexes lisaient le journal et commentaient les informations. Un monde où pas une seule personne n'était pas allée à l'école et où le moins instruit possédait au moins le certificat d'études, l'équivalent de notre enseignement secondaire, à l'époque.

Durant le déjeuner, une altercation eut lieu entre le couple à laquelle nous assistâmes, un peu gênés !

Alors que nous nous apprêtions à prendre place autour de la table, selon un ordre de privilège dont nous n'avions aucune connaissance, ma femme à droite de notre hôte et moi-même en face, Grégoire exprima son regret de ce que nous ne soyons pas arrivés plus tôt pour faire plus ample connaissance et parler plus longuement du Maroc et de ce qui s'y passait. Je m'excusai auprès de lui en évoquant notre visite à la cathédrale. Là, il se raidit et s'écria : « Comment cela ? Je ne pense pas qu'il vous ait été permis d'effectuer semblable visite ! La cathédrale est interdite aux musulmans ou bien alors, les responsables se sont trompés, ils ne devaient pas vous le permettre. »

Sa femme lui répondit : « Ce que tu dis est faux – Est-ce que tu parles sérieusement ? En es-tu convaincue ? », s'emporta le mari. L'irritation avait gagné les deux époux. Grégoire était tout rouge et les joues gonflées de rage. Sa femme lui conseillait de revoir ses connaissances et de vérifier l'exactitude de ce qu'il avançait. Tous les convives étaient debout. Ma femme me signifia d'un geste que je devais me taire. Je ne comprenais plus rien et n'arrivais pas à m'expliquer l'origine du désaccord. Finalement, nous nous assîmes

– on n'utilise pas de fourchettes chez nous – espérant y trouver un morceau de viande. Au même moment, son vis-à-vis qui prospectait les profondeurs du plat dans le même dessein, rencontra son doigt qu'il ramena vers lui avec vivacité, croyant avoir trouvé l'objet rare. Le premier hurla alors qu'on en voulait à mort à son doigt.

Gaiement, le professeur Perrin enchaîna avec une anecdote française. Une famille de six membres était réunie autour d'une table. La maîtresse de maison crut bon de servir sept tranches de veau, escomptant que l'un ou l'autre pourrait avoir envie de plus que ce qui lui avait été imparti. Après que chacun eût mangé sa part, les regards commencèrent à convoiter la septième tranche tout en invitant complaisamment les autres à se servir : « Je vous en prie… Non, après vous. »

Par coïncidence, une panne de courant plongea à cet instant la pièce dans l'obscurité. L'un des convives trouva l'occasion fort belle et tendit la main vers la tranche de veau. Il poussa aussitôt un cri de douleur. La main avait été prise pour cible par cinq fourchettes qui toutes, à la faveur de l'obscurité, convoitaient la même chose. La lumière qui revint à cet instant, éventa les projets sournois de l'assemblée.

On ne tarit pas d'éloges sur le plat de couscous, même servi sur une table trop haute et qu'on n'était pas parvenu à « marocaniser ». Quand mon épouse demanda à Marguerite comment elle avait trouvé le repas, celle-ci releva sa jupe en signe d'appréciation. C'était une coutume chez eux.

tous suivant l'ordre de préséance pendant que notre hôtesse se dirigeait vers la cuisine dont émanait une odeur appétissante. Le délicieux fumet calma notre hôte qui ne tarit pas d'éloges sur les talents de cuisinière de sa femme et la façon dont elle était capable de transformer en or tous les ingrédients qu'il lui rapportait. Notre hôtesse écoutait, souriante, les éloges de son mari et nous fûmes rapidement à même de juger par nous-mêmes l'excellence du repas. Nous en eûmes la recette, depuis le moment où elle essaya d'attraper le coq jusqu'à la dernière pincée de sel mise dans la marmite !

Le plus beau, c'est que la discussion sur la cathédrale resurgit comme un caillou ricochant dans la mare mais, cette fois, ce fut l'un de nous qui la déclencha en disant y avoir oublié ses lunettes ! Encore une fois, les conjoints reprirent de plus belle leur discussion pour savoir si le musulman pouvait ou non visiter un lieu de culte chrétien. Il faut tout de même savoir qu'à l'époque, au Maroc, le Général Lyautey, qui n'en pouvait plus de voir ses armées, godillots sales aux pieds, visiter les mosquées, en avait interdit l'entrée aux non musulmans !

Chacun des époux campa sur ses positions, mais une fois ce sujet de dispute clos, le calme et l'harmonie régnèrent à nouveau autour de la table, y compris entre le couple.

Je découvris avec stupeur, à cette occasion, que bien que chacun eût son opinion personnelle sur un sujet qui pouvait mener à une polémique, cela ne suffisait pas à entamer l'harmonie et la concorde entre époux. Je ne pouvais, bien sûr, m'empêcher de comparer les deux civilisations. Chez nous, au Maroc, toute la famille des époux s'empare des sujets de friction, aussi modestes soient-ils et la dispute se répand comme une traînée de poudre de maison en maison pour y élire domicile des journées entières... En France, on peut ne pas être d'accord sur un sujet mais on peut quand même s'entendre sur un autre sans que chacun ne cède ! Voilà bien une preuve de civilité et de progrès... Comme dit le poète : « Nous acceptons, tout en ayant des avis différents, tout ce qui se passe chez nous ».

On m'avait conseillé de ne pas aller chez le coiffeur le jeudi car il y avait foule. C'était jour de marché et les habitants des environs venaient tous à la ville pour s'approvisionner, tout comme cela se fait chez nous dans les souks hebdomadaires.

Bien entendu, je ne ferai aucune allusion au figaro de mon enfance. C'était un jour détestable que celui où nous devions passer dans son échoppe. Il se faisait la main sur nos têtes de gamins sans défense !

Je parlerais plus volontiers du coiffeur que j'ai connu à Fès il y a quelques mois. C'est un modèle du genre, tant par sa propreté que par sa modernité et dont la conversation est agréable.

A Bar-le-Duc, il était nécessaire de prendre rendez-vous à l'avance, sans quoi on attendait longtemps. Il faut le dire aussi, la boutique avait le téléphone, ce qui facilitait les choses.

Quant à l'importance que le coiffeur réservait à la fée électricité, c'était évident... Tous ses appareils étaient reliés à des fils ! D'ailleurs, dans sa tenue impeccable, blanche, on l'aurait pris pour un médecin !

Journaux et revues s'étalaient sur la petite table de la salle. Cela permettait d'écourter l'attente et de satisfaire les curiosités de chacun.

Ce fut chez lui que nous apprîmes que les relations s'étaient dégradées entre le Bey de Tunis et la Résidence française. J'y ai également lu, dans le numéro du Figaro paru le 4 août 1952, une déclaration de Azzam Bacha[1], « Préceptes de l'Islam », selon laquelle les musulmans n'étaient pas dans l'erreur en ce qui concernait la méthode morale. Islam et Christianisme sont presque en conformité dans ce domaine, si ce n'est que le prophète a insisté pour que l'attitude de l'État dans ce domaine prenne en compte le citoyen et ses conditions de vie.

Il avait été décidé, ce lundi 5 août, que ma femme et la mère de Jeanne prépareraient un couscous, notre plat national. Toute la famille devait honorer ce plat qui avait sollicité les compétences française et marocaine !

Au moment de passer à table, Henri, avec humour, suggéra de diminuer les pieds de la table et d'en faire une table ronde afin de recréer l'ambiance typique du Maroc ! Cela mit de la gaieté dans l'air et m'encouragea à raconter une anecdote qui eut lieu à Rabat du temps de la guerre où la viande était introuvable et où l'on préparait le couscous sans cet ingrédient. Il arriva que l'un des convives plongeât la main profondément dans le plat de couscous

---

1. Azzam Bacha : représentant de la Ligue arabe.

Au fur et à mesure de notre séjour, nous faisions connaissance avec les habitudes locales. Ainsi, je n'avais pas hésité à dessiner une table en m'enquérant de la manière de placer les convives. On m'expliqua que le plus courant consistait à donner la priorité aux femmes. Elles prenaient place à la droite du maître de céans, sauf en présence d'un homme d'église. La primauté revenait à celui-ci. On pouvait aussi, dans des situations spéciales, accorder la préséance à une personnalité présente au festin. Dans la Grèce antique, les noms des convives étaient inscrits sur les sièges.

En parlant de la table française, j'en appréciai particulièrement une des coutumes qui, sur le fond, rejoint ce que préconise la religion en ce domaine. Les gens, à table, mangeaient sans hâte, tout en discutant. Ils en venaient même à se lever pour aller chercher un dictionnaire pour s'assurer du sens exact d'un terme. Tout le contraire de ce que nous inculquaient nos parents quant à la tenue à table. Là, comme à la prière, nous devions opérer en silence. J'ai pourtant en mémoire une tradition arabe authentique qui exhorte à discuter en mangeant, même des armes.

A propos, les réunions familiales ne se passaient pas sans que soient échangés boutades et autres traits légers et innocents entre époux qui pouvaient, à l'occasion, dégénérer en propos blessants. Il en est de même chez nous. Un dicton ne dit-il pas que la plaisanterie est mère de l'inimitié ?

Ainsi, une fois que sa femme restait silencieuse, le professeur s'écria : « Ma femme ressemble au ciel de France, parfois clair mais nuageux la plupart du temps ». Les blagues du professeur étaient légères et très fines, comparées à celles d'Henri à l'attention de son épouse, souvent blessantes.

Ces moments d'agressivité verbale ne duraient jamais bien longtemps. Au moment d'aller se coucher, tout le monde se souhaitait bonne nuit en s'embrassant. En toutes occasions, les époux s'embrassent publiquement : le matin au petit déjeuner, au retour du travail de l'un ou de l'autre. Autant d'engagement à entretenir une plante ! Il n'en va pas de même chez nous où les époux trouvent presque impudique de s'embrasser devant les leurs.

Qui de nous a raison ?

J'essayais autant que possible d'éluder toute discussion à propos de la situation politique au Maroc, dans le souci de préserver nos bons rapports avec nos compagnons auxquels nous liaient amitié et estime réciproques.

Nous nous y sommes pourtant trouvés contraints, un soir après dîner...une conversation pénible à laquelle nous ne pûmes échapper après que le professeur eut ramené la revue « Paris Match » sur laquelle il y avait une photo de Haj Thami El Glaoui, pacha de Marrakech, une fête dansante au cours de laquelle il s'appuyait sur le bras d'un invité en l'embrassant. Heureusement, une telle conversation n'intervint qu'à la fin de notre séjour. Le professeur eut le bon goût de suggérer de ne pas tout dévoiler de nos convictions devant Henri, à l'horizon assez limité, et qui plus est, fort emporté...

tous suivant l'ordre de préséance pendant que notre hôtesse se dirigeait vers la cuisine dont émanait une odeur appétissante. Le délicieux fumet calma notre hôte qui ne tarit pas d'éloges sur les talents de cuisinière de sa femme et la façon dont elle était capable de transformer en or tous les ingrédients qu'il lui rapportait. Notre hôtesse écoutait, souriante, les éloges de son mari et nous fûmes rapidement à même de juger par nous-mêmes l'excellence du repas. Nous en eûmes la recette, depuis le moment où elle essaya d'attraper le coq jusqu'à la dernière pincée de sel mise dans la marmite !

Le plus beau, c'est que la discussion sur la cathédrale resurgit comme un caillou ricochant dans la mare mais, cette fois, ce fut l'un de nous qui la déclencha en disant y avoir oublié ses lunettes ! Encore une fois, les conjoints reprirent de plus belle leur discussion pour savoir si le musulman pouvait ou non visiter un lieu de culte chrétien. Il faut tout de même savoir qu'à l'époque, au Maroc, le Général Lyautey, qui n'en pouvait plus de voir ses armées, godillots sales aux pieds, visiter les mosquées, en avait interdit l'entrée aux non musulmans !

Chacun des époux campa sur ses positions, mais une fois ce sujet de dispute clos, le calme et l'harmonie régnèrent à nouveau autour de la table, y compris entre le couple.

Je découvris avec stupeur, à cette occasion, que bien que chacun eût son opinion personnelle sur un sujet qui pouvait mener à une polémique, cela ne suffisait pas à entamer l'harmonie et la concorde entre époux. Je ne pouvais, bien sûr, m'empêcher de comparer les deux civilisations. Chez nous, au Maroc, toute la famille des époux s'empare des sujets de friction, aussi modestes soient-ils et la dispute se répand comme une traînée de poudre de maison en maison pour y élire domicile des journées entières... En France, on peut ne pas être d'accord sur un sujet mais on peut quand même s'entendre sur un autre sans que chacun ne cède ! Voilà bien une preuve de civilité et de progrès... Comme dit le poète : « Nous acceptons, tout en ayant des avis différents, tout ce qui se passe chez nous ».

On m'avait conseillé de ne pas aller chez le coiffeur le jeudi car il y avait foule. C'était jour de marché et les habitants des environs venaient tous à la ville pour s'approvisionner, tout comme cela se fait chez nous dans les souks hebdomadaires.

Bien entendu, je ne ferai aucune allusion au figaro de mon enfance. C'était un jour détestable que celui où nous devions passer dans son échoppe. Il se faisait la main sur nos têtes de gamins sans défense !

Je parlerais plus volontiers du coiffeur que j'ai connu à Fès il y a quelques mois. C'est un modèle du genre, tant par sa propreté que par sa modernité et dont la conversation est agréable.

A Bar-le-Duc, il était nécessaire de prendre rendez-vous à l'avance, sans quoi on attendait longtemps. Il faut le dire aussi, la boutique avait le téléphone, ce qui facilitait les choses.

Quant à l'importance que le coiffeur réservait à la fée électricité, c'était évident... Tous ses appareils étaient reliés à des fils ! D'ailleurs, dans sa tenue impeccable, blanche, on l'aurait pris pour un médecin !

Journaux et revues s'étalaient sur la petite table de la salle. Cela permettait d'écourter l'attente et de satisfaire les curiosités de chacun.

Ce fut chez lui que nous apprîmes que les relations s'étaient dégradées entre le Bey de Tunis et la Résidence française. J'y ai également lu, dans le numéro du Figaro paru le 4 août 1952, une déclaration de Azzam Bacha[1], « Préceptes de l'Islam », selon laquelle les musulmans n'étaient pas dans l'erreur en ce qui concernait la méthode morale. Islam et Christianisme sont presque en conformité dans ce domaine, si ce n'est que le prophète a insisté pour que l'attitude de l'État dans ce domaine prenne en compte le citoyen et ses conditions de vie.

Il avait été décidé, ce lundi 5 août, que ma femme et la mère de Jeanne prépareraient un couscous, notre plat national. Toute la famille devait honorer ce plat qui avait sollicité les compétences française et marocaine !

Au moment de passer à table, Henri, avec humour, suggéra de diminuer les pieds de la table et d'en faire une table ronde afin de recréer l'ambiance typique du Maroc ! Cela mit de la gaieté dans l'air et m'encouragea à raconter une anecdote qui eut lieu à Rabat du temps de la guerre où la viande était introuvable et où l'on préparait le couscous sans cet ingrédient. Il arriva que l'un des convives plongeât la main profondément dans le plat de couscous

---

1. Azzam Bacha : représentant de la Ligue arabe.

– on n'utilise pas de fourchettes chez nous – espérant y trouver un morceau de viande. Au même moment, son vis-à-vis qui prospectait les profondeurs du plat dans le même dessein, rencontra son doigt qu'il ramena vers lui avec vivacité, croyant avoir trouvé l'objet rare. Le premier hurla alors qu'on en voulait à mort à son doigt.

Gaiement, le professeur Perrin enchaîna avec une anecdote française. Une famille de six membres était réunie autour d'une table. La maîtresse de maison crut bon de servir sept tranches de veau, escomptant que l'un ou l'autre pourrait avoir envie de plus que ce qui lui avait été imparti. Après que chacun eût mangé sa part, les regards commencèrent à convoiter la septième tranche tout en invitant complaisamment les autres à se servir : « Je vous en prie... Non, après vous. »

Par coïncidence, une panne de courant plongea à cet instant la pièce dans l'obscurité. L'un des convives trouva l'occasion fort belle et tendit la main vers la tranche de veau. Il poussa aussitôt un cri de douleur. La main avait été prise pour cible par cinq fourchettes qui toutes, à la faveur de l'obscurité, convoitaient la même chose. La lumière qui revint à cet instant, éventa les projets sournois de l'assemblée.

On ne tarit pas d'éloges sur le plat de couscous, même servi sur une table trop haute et qu'on n'était pas parvenu à « marocaniser ». Quand mon épouse demanda à Marguerite comment elle avait trouvé le repas, celle-ci releva sa jupe en signe d'appréciation. C'était une coutume chez eux.

En général, nos conversations tournaient autour de la position de l'Islam envers la femme, de l'éducation, etc.

Un soir, Henri se fit plus provocateur sur la question. Il déclara que le pacha de Marrakech agissait dans l'intérêt du Maroc alors que le Sultan Moulay Youssef était en train de nuire aux rapports franco-marocains. Je l'interrogeai alors sur ce que signifiaient « utile » et « nuisible », « la fidélité » et « l'ingratitude ». J'insistai sur le fait que le Sultan tenait fermement à ce que la France ne fût pas induite en erreur par ceux qui se prétendaient ses amis. Je rappelai à cet effet que le roi avait dit tout récemment : « La tunique que la France a taillée pour le Maroc en 1912 ne lui convient plus en 1952 ».

Le professeur en profita pour me demander ce que je ressentais vis-à-vis des Français du Maroc. Je lui répondis que je les considérais comme des amis. Et je n'en voulais pour preuve que le plaisir que j'avais à voir Henri et son épouse, leur enfant et leurs amis, tout comme j'avais le sentiment que je me trouvais, alors, parmi mes amis sinon mes proches.

Le professeur voulut également savoir si j'avais été véritablement incarcéré, dans quelles conditions et si j'en gardais rancœur vis-à-vis de la France. Il tenait aussi à connaître les motifs pour lesquels mon père s'opposa à mon inscription à l'école française alors qu'il l'avait admis pour mes autres frères. Toutes ces questions les amenèrent à me demander ce que je reprochais le plus à la France. Je répondis en toute franchise : « l'oppression » de telle manière que, dans mon propre pays, j'avais l'impression que je ne pouvais pas dire tout ce que je voulais. On me pria de donner un exemple. Je leur parlai alors d'un article que j'avais rédigé à propos de l'histoire du Maroc au Moyen-Âge et dont les services de contrôle français avaient censuré plusieurs extraits. Par ailleurs, tous les documents rédigés en arabe dont nous avions besoin, en tant que fonctionnaires, n'étaient acceptés par l'administration qu'une fois traduits en français, y compris mon acte de mariage !

Ma femme me fit signe que c'était l'heure d'aller au lit ...

Vers les Vosges

Le mercredi 6 août 1952, au matin, nous débutâmes notre visite dans l'est de la France, sur les hauteurs des Vosges.

Les jours précédents, la température avait été clémente mais ce jour là les conditions se dégradèrent sérieusement. On se serait cru en hiver ! Le vent soufflait en rafales, un froid glacial et une pluie ininterrompue... Les sirènes d'alerte retentirent un peu partout à Bar-le-Duc. Ces changements climatiques sont si fréquents ici que l'imprévisibilité du ciel français est devenue proverbiale. Mais cela ne nous empêcha pas de prendre la route. Notre conducteur n'était-il pas aguerri ! Cette fois-ci, nous étions accompagnés de plusieurs membres de la famille Oudard.

En suivant notre itinéraire, nous passâmes devant la maison de Jeanne d'Arc. Une maison si modeste et si coquette que j'en ai tracé le plan au crayon dans mon carnet de voyage !

Le nom de Jeanne d'Arc me remit en mémoire quelques souvenirs. Il y a quelques mois, un prédicateur de Rabat fit le parallèle, devant ses auditeurs, entre les combattants pour leur patrie et Jeanne d'Arc. Cela parvint aux oreilles de la Résidence

Générale qui ordonna son arrestation. Il fut incarcéré pour avoir eu des propos qui n'avaient rien à voir avec la religion. Cela provoqua la révolte de certains nationalistes marocains qui demandèrent audience au sultan Mohammed V afin de manifester leur désapprobation à l'encontre d'un tel agissement des autorités coloniales. Nous nous attendions à ce que le sultan fût, d'emblée, de notre côté. Il nous surprit en reprochant fermement à l'imam d'avoir laissé de côté Aïcha, mère des croyants musulmans, faisant partie intégrante de notre communauté, pour aller chercher une créature si étrangère à notre environnement. Nous en restâmes cois. Personne n'y trouva à répliquer.

Le roi dit cependant : « Nous verrons ! » L'imam fut relaxé. Nous admîmes que le sultan était plus perspicace que le cheikh...

Les paysages que nous traversions étaient d'une grande beauté et remplis d'arbres. Toutes les vaches étaient rousses et blanches. Ailleurs, j'avais constaté que le noir prédominait.

Nous passâmes près de la source thermale de Vittel dont nous bûmes l'eau et emportâmes de nombreuses bouteilles du précieux liquide.

Nous arrivâmes à Épinal, considérée comme la principale ville des Vosges. De là, nous pénétrâmes au cœur des Vosges où les hautes montagnes étaient entièrement couvertes de sapins.

Nos compagnons désiraient rendre visite à certains membres de leur famille habitant la région ainsi qu'à leur grand-mère, une dame âgée qui se déplaçait à l'aide d'une canne. Elle nous interrogea sur la longévité des marocains. Je lui répondis que si Pierre, le petit garçon, venait à avoir un fils de son vivant, elle aurait alors ce que nous appelons chez nous « les clous de la table ». Cette dame, qui dépassait les quatre-vingts ans, discutait avec une grande délicatesse et montrait un intérêt extrême à nos réponses. Elle s'intéressait à l'actualité, écrivait et commentait tout ce que nous disions. Elle ne voulait jamais rater une blague.

Ma femme et moi trouvions une saveur exquise à l'eau si pure de la région. Les familles qui nous recevaient se désolaient qu'on préférât l'eau à toutes les sortes de boissons alcoolisées qui ornaient constamment les tables... Par notre sobriété, nous leur donnions le sentiment qu'ils avaient manqué à l'hospitalité. Ils ne voyaient d'ailleurs aucune raison pour qu'on ne puisse pas toucher à ces boissons si réconfortantes...

Nous éprouvions un réel plaisir à les écouter converser et échanger des nouvelles de leur famille.

La grand-mère nous suggéra de faire une randonnée à Cucheron, une montagne voisine, et une autre à une source thermale d'eau tiède, tout près de la maison. Nous y passâmes le crépuscule avant de nous en retourner parce que Pierre fit une chute tant il s'activait en essayant d'escalader un rocher ! L'endroit ressemblait à Aïn Khazouza, chez nous, dans le Moyen Atlas près d'Azrou : de l'ombre, des arbres aux multiples fruits, amandes, cerises, pommes, poires, prunes, noix... Certains arbres atteignaient quarante mètres de hauteur avec des troncs solides et droits.

Le soir était radieux, la nature superbe et cela nous donna de l'appétit. Jeanne nous plaisanta en disant que c'était une promenade qui avait été planifiée dans ce but car les Vosgiens étaient réputés pour leur hospitalité culinaire !

De ces hauteurs, nous surplombions la ville de Remiremont. Du sommet, nous voyions les ruines de ce qui, dans un passé récent, étaient encore des maisons avant que les bombes de la dernière guerre ne les fassent s'écrouler. Nous étions sur le mont Cucheron à 950 mètres d'altitude. Une grande croix, datant de 1815, se dressait sur le flanc de la montagne. Tout autour de nous foisonnaient les fleurs de bruyère ainsi que les fougères. Seuls les gémissements de Pierre, tombé du rocher, dérangèrent quelque peu la magie de notre promenade.

Nous traversâmes ensuite un pont au dessus de la Moselle. Dans la campagne autour de nous, les veaux s'en donnaient à cœur joie, et quels veaux, gros et gras !

A notre retour, nous fîmes à l'aïeule un compte rendu détaillé de notre promenade et elle en commenta toutes les étapes en s'assurant des noms de lieux.

Plus tard, dans nos chambres, nous trouvâmes des pots à utiliser en cas de besoin comme cela se passait du temps de Louis XIV à Versailles ! Notre séjour dans une région montagneuse n'offrait pas les mêmes atouts de confort que les chambres en ville... Cela me rappela une tradition de chez nous au Maroc : l'usage du « gallas », littéralement, le siège.

Tous faisaient preuve de grande convivialité à notre égard. Le petit déjeuner du lendemain fut copieux, avec force fromages et yaourts.

Comme d'habitude, je tirais profit des conversations autour de moi. J'avais remarqué que leur accent différait quelque peu de celui auquel s'était habitué notre tympan. Ici, les sons étaient plus allongés, plus étirés.

Par contre, je n'oublierai jamais la faute de prononciation que je commis ce matin-là. Je voulais demander à Jeanne comment allait Pierre après sa chute de la veille. Le « i » de « fils » m'échappa avec toutes les allures d'un « ê ». Ma question : « Comment va votre fesse ? » parut bien saugrenue et je m'expliquai davantage quand je sentis tous les regards braqués sur moi !

Nous n'arrêtions pas de remercier nos hôtes pour ce séjour si agréable et un jour la grand-mère nous précisa : « ce n'est pas pour ce que vous avez fait pour mon petit-fils que j'ai de l'estime pour vous mais parce que vous appartenez à la terre des héros, ceux qui, dans un passé récent, nous ont débarrassés de l'ennemi qui nous opprimait. Du temps où nous étions sous le joug des Allemands, ces soldats sont venus au milieu des forêts et de ces montagnes pour nous sortir de l'enfer. Sans ces hommes de mérite, nous ne serions pas ici.... Nous avons vu leurs sacrifices ».

C'étaient là des éloges que je n'imaginais pas entendre sur les lieux même qui furent le théâtre des combats. Cela me combla d'aise, d'autant plus que cela fut dit en présence d'Henri avec lequel j'avais parfois des discussions orageuses à propos de ce qu'il était du devoir de la France de faire au Maroc.

Une voisine survint et entreprit de remettre en mémoire les

carnages et les ruines dont ils auraient pu être les victimes sans la présence des soldats marocains. Les Allemands fuyaient les lieux où ils savaient qu'ils en rencontreraient. Elle nous invita à visiter un cimetière qu'elle entretenait elle-même, dans lequel gisaient côte à côte Marocains et Français tombés en défendant la France.

A propos, j'entendis plusieurs fois, en parlant du feu, utiliser le mot « rif ». Il désignait chez eux l'allumette ou le tison. A ma question sur l'origine de ce terme, on m'expliqua que c'était un vestige du passage des Marocains dans la région qui, du reste, étaient eux-mêmes des feux follets, exubérants de chaleur.

On ne tarissait pas d'éloges sur nos compatriotes qui, d'après nos hôtes, n'avaient qu'un défaut, si on peut appeler cela ainsi : ils détestaient la lâcheté et la traîtrise.

Au cours du dîner, particulièrement apprécié, Jeanne se plaignit de vertiges ressentis durant notre promenade et il fut plaisant d'entendre la grand-mère expliquer que le vertige des montagnes venait de l'altitude par rapport au niveau de la mer. Je repensai à notre grand-mère qui ne connaissait rien des effets pervers de l'altitude...

L'hospitalité dans cette région des Vosges était sans limite. Les soupes étaient fades, mais on prenait soin de mettre sur la table le sel et le sucre pour qui en voulait, pour des considérations de santé. On donnait à chacun la possibilité d'opérer comme il le voulait. Les fromages étaient riches et savoureux. On invitait sans cesse le convive à boire et à manger sans souci du lendemain.

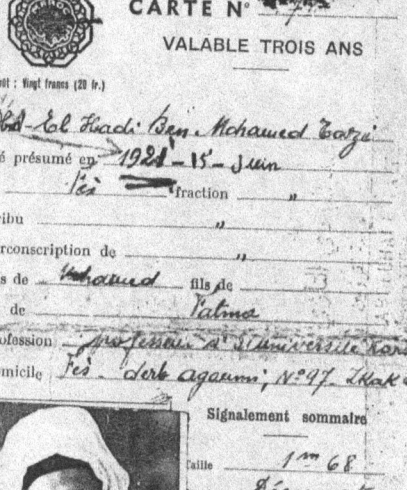

أيه الزورق البري ببورك وارد !! اركب بدورك !

Embarquement de la voiture sur le bateau

قد سئمت على أهبة وداع الفارك با وريفية....

Sur le bateau, M. et Mme Tazi, Pierre et Henri

Séville ; Henri, M. et Mme Tazi (sans sa djellaba)

Madrid ; Henri, M. et Mme Tazi (qui a remis sa djellaba)

روعة مدريد كاتدرائية ...بتمائيله وشفاخاته

Madrid

وكنه مرة لذ تناول الغداء على ضفاف الكربي

Pique-nique sur la route

دينة الحب في بوردو
والطباب في مدريد

Faculté de médecine de Bordeaux

Photo prise de la maison de Jeanne d'Arc ;
à gauche, le Pr. Perrin, sa femme, famille Oudard,
M. et Mme Tazi à droite

En route pour les Vosges ; devant la maison de Jeanne
d'Arc ; de droite à gauche, M. et Mme Tazi, Henri,
son fils aîné, la femme de son fils.

Dr Tazi en habit traditionnel

Behone ; déguisement arabe en haut
des marches de la maison

Behone ; toutes les femmes en habits arabes

Behone ; M. Tazi en habit traditionnel,
avec Pierre et la famille Oudard

Kaysersberg, Alsace ; M. Tazi et sa femme Touria

Kaysersberg, Alsace ; M. Tazi avec le fils aîné et la femme d'Henri

Strasbourg ; la cathédrale

Strasbourg ; la cathédrale

نمعها للنله ، وآخر للعّارلة....آه لوبينا مع الناس!

Pont de Kehl, entre l'Allemagne et la France

فضالة للبقاء كتةنيي لباريز...

Lagny, près de Paris ; devant, le Pr. Perrin et sa femme,
derrière M. et Mme Tazi, Henri et sa femme

بعد وداع عا ريسبل بلدية باريز... وحمامه الشوافن!

Paris ; l'Hôtel de ville

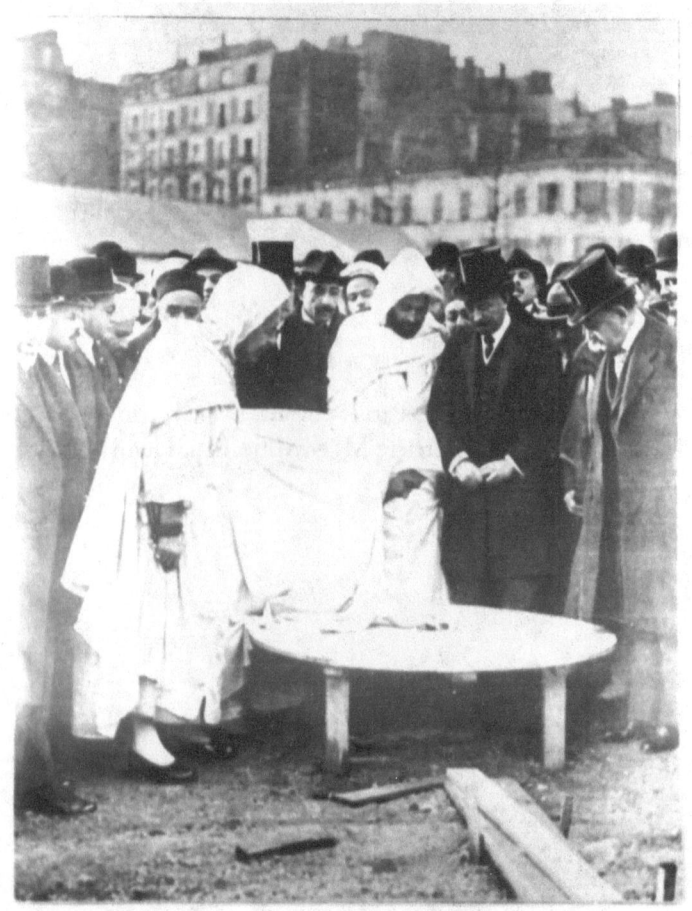

Pose de la première pierre de la grande mosquée de Paris (1925)

La grande mosquée de Paris

Mme Tazi près de la vasque de la grande mosquée de Paris

Notre-Dame de Paris, le portail

Notre-Dame de Paris

Photos : Collection Abdelhadi Tazi. D.R.

C'était un matin particulièrement froid sur les Vosges, avec une pluie ininterrompue, les sommets étaient enveloppés de brume. Après un déjeuner riche en calories, nous entamâmes les préparatifs du départ. Je m'aperçus que les Français nous remettaient des provisions pour la route qu'ils avaient confectionnées de leurs propres mains. Mais le plus émouvant, ce fut qu'ils parurent aussi affectés que s'ils quittaient des proches. Une fois encore, ils firent l'éloge des soldats marocains. Ils ne pleuraient certes pas. Mais j'avais remarqué qu'ils passaient le pouce et l'index sur le haut de leur nez comme s'ils essuyaient une larme...une manière d'exprimer leur émotion...comme quoi, tout est dans l'intention !

L'impression que m'ont faite les montagnes des Vosges et surtout leurs habitants restera gravée dans ma mémoire. C'est la région dont Jeanne était native et son mari, chaque fois qu'elle rechignait à obtempérer à l'une de ses suggestions, lançait « tête de vosgienne », à l'instar de ce que les musulmans appellent « tête de turc ».

Sur notre route, nous croisâmes de nombreuses usines de textiles. Il en montait une fumée qui ne tardait pas à se mélanger aux nuages. Hôtels, restaurants et cafés offraient leurs services aux visiteurs de passage tout au long de la route.

Juste au-delà du col de Sapois, nous tombâmes sur un magnifique lac : le Gérardmer. Sur ses rivages, il y avait un grand nombre d'estivants. Nous mîmes pied à terre pour une petite promenade. Il y faisait particulièrement froid. Nous vîmes un arbre plus de quatre fois centenaire. Un autre monde... L'hiver y est particulièrement rude. Lainages et manteaux y sont partout présents.

Nous vîmes un autre lac à droite de Longemer. Nous le longeâmes en voiture pour nous en faire une idée mais le brouillard épais et la vue réduite nous permirent à peine d'en distinguer les rivages. D'ailleurs, Henri roulait tous feux allumés.

Nous passâmes sous un pont naturel : un monolithe qu'on appelait « le rocher du diable » et qui s'élevait à 1012 mètres au dessus du niveau de la mer.

Nous atteignîmes l'Alsace à 10 h 20, le jeudi 7 août 1952.

Nous découvrîmes le Lac Blanc. Magnifique ! Il me sembla bizarre que les gens d'ici aient quitté ces lieux paradisiaques pour aller disputer le lac Dayat Aoua, en plein Moyen Atlas, aux miséreux...

Nous reprîmes haleine dans un café des environs. Le brouillard s'était dissipé car nous avions quitté la région où il était le plus dense. Le temps était clair, le soleil avait refait son apparition et nous découvrîmes de très beaux paysages au pied des montagnes.

C'était le fief des cigognes. Ici, les idiomes différaient. La ville d'Orbey parle presque toujours en allemand. Cette Alsace que nous découvrions, les Allemands croyaient dur comme fer qu'elle leur appartenait ! Aussi l'ont-ils occupée trois fois pour en être chassés à trois reprises.

Il y avait là d'innombrables cimetières de soldats marocains morts pour la France, tout comme il nous l'avait été dit. Sur leurs tombes, il y avait leurs casques et leurs bérets. Dessus, figurait un croissant pour attirer l'attention sur leur origine musulmane.

Les maisons, sur les hauteurs, étaient presque accrochées entre les arbres, sous des sapins gigantesques. J'ai même pris soin de les dessiner. On prenait de très grandes précautions contre la neige dans leur construction. On les érigeait sous forme de coupoles ou de cônes, comme c'est le cas à Ifrane. L'agriculture se pratiquait en terrasses.

Kaysersberg et Strasbourg

Le fils d'Oudard est parti à la recherche de l'un de ses amis ; nous en avons profité pour aller en promenade dans la ville où nous avons pris des photos comme souvenirs. Les murs portaient encore les stigmates de la guerre avec des trous béants ici et là. La langue allemande prédominait. Les toits sont coniques pour mieux résister aux chutes des neiges. Une lilliputienne de vingt-huit ans nous aborda. Elle cherchait du réconfort.

Après avoir quitté la ville, nous avons traversé la plaine alsacienne couverte de vignes. Les panneaux indiquaient la direction de Strasbourg, capitale du département. Mais avant de prendre la route de cette métropole, nous nous sommes arrêtés à Colmar où nous avons mangé poisson, fromage, raisins, pommes, poires et pain bis qui était une des spécialités du restaurant.

Puis nous avons mis le cap sur Strasbourg où il y avait un château de l'Empereur que celui-ci avait construit dans cette région du temps où elle était sous occupation allemande qui a duré quatre ans.

Ce palais se trouvait au sommet d'une montagne. Nos compagnons soulignèrent que les Allemands n'étaient pas doués en architecture. Ils ajoutèrent : « pas plus qu'en esprit ».

En effet, les Allemands avaient construit beaucoup de châteaux. Mais ils brillaient plus par leur solidité et leur puissance que par le goût et le talent ornemental. Nos compagnons nous firent remarquer que ceux-ci étaient, certes, doués de raison, mais qu'ils manquaient de finesse et étaient d'un tempérament plutôt fruste.

En écrivant ces lignes, j'eus en mémoire ce que disait Cheikh Mokhtar Soussi[1] : « Deux choses sont à prendre avec le maximum de sérieux ! La foi en Dieu et les Allemands ». Signifiant par là que si la première est une nécessité pour laquelle l'homme n'a aucune alternative, les conceptions des seconds sont si perspicaces et si pertinentes qu'on ne saurait ne pas s'en inspirer.

Sur la route, des plants de tabac plantés ici et là ! Après courte discussion sur l'état de la voiture et sa tenue de route, nous sont apparues les Alpes allemandes au loin, exactement comme nous paraissait Gibraltar dans le transbordeur alors que nous faisions nos adieux à la terre marocaine au large de Ceuta.

C'est là que Jeanne prit le volant pour nous mener jusqu'à Strasbourg, avec la permission d'Henri qui en a encore profité pour rappeler son proverbe incontournable plein de sagesse et de pertinence : « les cents appellent le sang ».

---

1. Cheikh Mokhtar Soussi (1900-1963) : personnalité intellectuelle célèbre du Maroc, nationaliste, écrivain auteur notamment de *Al Maâssoul*, ancien ministre des Habous.

A Strasbourg, comme en Allemagne, deux petites allées à droite et à gauche de la route sont réservées aux cyclistes. Au loin, la grande cathédrale s'imposait. Nombreux et divers sont les moyens de transport dans la capitale alsacienne : tramway, autobus, train ... Nous entrons dans la ville par un pont qui enjambe une rivière où flânent voiliers et autres embarcations.

Nous voilà enfin face à ce monument grandiose, véritable miracle d'art et d'architecture, la cathédrale. Tout en haut siège la montre astronomique : 320 marches pour arriver à l'extrémité de la haute tour où niche la montre, gloire artistique et emblème du génie humain. Le vertige vous prend tant par sa hauteur que par sa beauté ! Un système automatique simple et ne demandant pas trop de calcul, fait marcher l'horloge. L'annonce de l'heure se fait par des statues de soldats armés, la dernière heure par un petit jeune homme qui sonne les deux premiers quarts passés et un autre plus grand sonne les demi-heures suivies des deux derniers quarts d'heure pour que la fin de l'heure soit annoncée et c'est à ce moment qu'apparaît une autre statue pour confirmer le passage à l'heure suivante.

On trouve également un comput électrique pour indiquer les éclipses lunaires et solaires avec une précision étonnante ainsi qu'un chariot avec des roues où il y a les jours de la semaine. Chaque fois qu'un jour passe, une roue portant le nom du jour suivant remplace celui-ci.

On aperçoit aussi la statue d'un homme portant à la main un sablier qu'il renverse à chaque heure, pendant qu'à ses côtés un autre fait sonner une cloche.

A midi exactement, la statue du Christ apparaît tout en haut de la cathédrale pour dispenser ses bénédictions à toute la population, et tout de suite après un coq lance trois cocoricos retentissants.

L'année est sur le calcul solaire quelle que soit la station où se trouve l'astre solaire.

La place grouille de visiteurs attendant la fin de l'heure avec impatience et commentant le phénomène qui en allemand, qui en anglais, qui en russe...

En plus de cette horloge astronomique, on trouve une montre en chiffres romains qui imprègne son mouvement à l'ensemble, ainsi que deux globes dont l'un, vraiment exceptionnel, représente les astres célestes.

Pendant ma visite, j'ai vu beaucoup de parents accompagnés de leurs enfants, ce qui suscita en moi le souvenir de mes deux garçons restés à Fès. Comme je désirais qu'ils fussent avec moi ! Mais je me suis fait une raison en me disant que le voyage était éreintant et qu'ils étaient finalement bien là où ils étaient.

Il est 16 heures tout juste du samedi 7 août. Tout le monde attend le déclenchement de l'ensemble du mécanisme de l'horloge : le son des cloches, les anges faisant tinter les clochettes, l'ange retournant le sablier et l'ange de la mort annonçant la fin de 16 heures. Un autre ange apparaît et le chariot des jours prend son élan. A minuit enfin, le coq ouvre grand ses ailes et lance son cocorico.

L'horloge a été conçue par l'ingénieur Schwilgué, un alsacien. Une merveille extraordinaire, sans pareil dans le monde entier.

Tout près de l'église on trouve une maison traditionnelle de style alsacien, comme on trouve également une autre horloge pour le calcul des levers et des couchers du soleil avec une grande précision. Cette horloge marche automatiquement et sans électricité, c'est vraiment à vous en donner le vertige.

Les alsaciens ne prononcent pas le son « z » qu'ils ont tendance à remplacer par le son « s ». Pour la première fois de ma vie j'ai pu voir chez eux un marché où on se contentait d'exposer les marchandises sans les vendre, pour le simple plaisir des passants.

Au pont Kehl sur le Rhin

Ici, le pont a été construit sur deux routes différentes, une première moitié du côté allemand, et l'autre du côté français. L'ancien pont n'est plus que vestiges du passé. On trouve également un pont-levis qui se ferme automatiquement après le passage du train.

A Kehl, on voit les statues des victimes de la guerre, tuées par la gestapo et jetées dans le fleuve. Les Français leur ont érigé des statues en souvenir de leur sacrifice. Deux places fortifiées s'opposent tout en étant identiques, l'une appartenant aux Allemands et l'autre aux Français.

Ce fut une promenade agréable que celle faite à la frontière dont les échos pendant la guerre étaient parvenus jusqu'au Maroc.

Mon épouse n'était pas parmi nous, elle avait préféré se reposer dans la voiture ; la journée était effectivement trop chargée, nous nous serions arrêtés n'était-ce le sérieux que nous inspirait la région qui nous transmettait courage et envie de découverte.

Nous avons tenté de traverser le pont mais en vain, et malgré toute notre insistance, la douane internationale nous refusa le passage.

Dans cette région, les séquelles de la guerre qui a opposé les deux peuples sont partout. Nos amis aiment à nous raconter les pénibles circonstances et les affreux événements que la région a vécus. Les Français avant la guerre à gauche et les Allemands à droite. Mais après que les premiers eurent occupé la place de la douane, les Allemands avaient reculé d'une dizaine de mètres.

Le Rhin est un fleuve à fort débit. Il est navigable et traversé par de nombreux et énormes ponts dorés dont la chaussée est recouverte de planches en bois où se tient un soldat en faction.

A six heures, un rush des plus pénible bloque la circulation au point où les Français appellent ce moment de dense circulation « la sale heure ».

Telle est Strasbourg dont nous avions tant entendu parler pendant la guerre passée, qui s'en est allée, j'espère, à jamais.

Ce voyage était pour moi un véritable don du ciel. Visiter semblables régions et de surcroît en compagnie de gens qui en étaient natifs, dans cette voiture qui nous conduisait à notre guise avec un pilote de bord ne dépassant jamais 100 km/h. Sans oublier que nous disposions de tout le nécessaire et de tout le temps pour trouver l'hôtel de notre choix.

De Strasbourg donc, rien n'empêchait que nous nous rendions à Nancy en passant par Saverne. D'autant plus que nous n'avions pu passer la nuit à l'hôtel Nichet où seules deux chambres étaient libres alors que nous étions trois couples.

En route, j'ai pu reconnaître le houblon dont on se sert surtout pour la fabrication de la bière. La plante s'élevait très haut grâce à des perches qui en soutenaient la croissance. J'en avais entendu parler à Fès lors d'une visite à une brasserie avec notre ami et médecin de famille, le docteur Sokri président de l'association « Les amis de Fès ». Je le connaissais pour l'avoir souvent vu dans la maison paternelle de l'ancienne médina et dans celle où on avait déménagé en ville nouvelle sur la route de Sefrou. Mon amitié avec lui se consolida grâce au travail dont il m'avait chargé : je devais l'aider à prospecter pour reconnaître certaines calligraphies en rapport avec l'histoire de Fès. Si je devais parler de lui, un ouvrage entier ne suffirait pas : ses relations avec les notables fassis, son attachement aux usages et au patrimoine de la ville, et surtout son œuvre, lorsque, sur intervention du pacha de Fès Mohammed Tazi, il s'occupa de la maladie de la mère de notre héros national le Sultan Mohammed Ben Youssef (Mohammed V) qui sera par la suite exilé à Madagascar.

A Saverne, impossible d'avoir des chambres d'hôtel. Devrions-nous continuer jusqu'à la station prochaine alors que le crépuscule pointait à l'horizon dans cette région couverte de hauts arbres entravant les dernières lueurs de la journée ? Nous continuâmes donc dans ce merveilleux paysage où les peupliers, altiers, dispensaient généreusement leur branchage tout vert. Tout était d'une beauté indescriptible ; quoi donc, n'étions-nous pas en Loraine ?

Nous n'étions plus trop loin de la ville de Sarrebourg, une ville ancestrale avec une porte médiévale à son entrée. Les rayons de soleil ne parviennent pas à la ville. Notre préoccupation était bien à ce moment-là d'y trouver trois chambres !

Les chambres étaient sans salle de bain qui se trouvait à l'extérieur. Nos hôteliers étaient occupés à des travaux dans la salle à manger où un ouvrier criait tout haut aux apprentis de chauffer la colle, certainement pour le papier peint.

Le vendredi 8 août au matin, nous prîmes la route de Nancy. Une pluie torrentielle nous surprit à proximité de la ligne Maginot, l'œuvre d'André Maginot pour protéger la France des attaques venant de l'est. Nous traversâmes une région de toute beauté où paissaient des troupeaux conduits par des bergers aux barbes hirsutes. De temps à autre nous descendions de voiture pour emplir nos poumons d'air pur et rencontrer les créatures de la région. Les gens ici sont joviaux, toujours souriants et menant leur vie en toute insouciance, au jour le jour, sans crainte du lendemain. La voiture s'est transformée en classe de cours ; c'est que la région regorgeait en effet d'auberges et d'autres signes d'activité de chasse.

Il pleuvait de plus en plus de sorte qu'on craignit que les essuie-glaces ne se brisent avec toute l'eau projetée sur notre pare-brise par les voitures venant en face de nous.

Enfin nous arrivâmes à Lunéville où nous fîmes une courte escale. Il faisait vraiment froid et je m'expliquai alors pourquoi certains spécialistes en anthropologie affirment que la morphologie des gens d'ici, ceux du nord, était toute différente de celle des gens habitant le sud dans les régions plus chaudes.

Nous nous approchions de Nancy. A Dombasle, un évènement des plus étranges me ramena en plein Maroc. Une file de voitures pleines de Marocains fit son passage comme s'il n'y avait aucune frontière entre la France et le Maroc. Des concitoyens avalant le « s » de Dombasle, tout comme moi. C'est que c'est une ville ouvrière avec de nombreuses usines et un grand canal dont la largeur permettait à de nombreuses embarcations d'aller d'une rive à l'autre. La ville est l'une des plus anciennes de France ; elle possède une grande église bien que se trouvant dans une région industrielle.

A Nancy, nous avons visité la faculté de médecine et ses annexes. On nous emmena à sa division « anesthésie » où l'un de mes cousins, par un concours de circonstances inexplicable, viendrait poursuivre ses études de médecine vingt ans après.

Face à la faculté a été construit un hôpital moderne, près d'une église protestante. Henri nous mena plus tard à la nouvelle gare de Nancy où la statue en bronze du libérateur de la région surplombe la place. Non loin, se trouvait une imprimerie neuve et employant le matériel sophistiqué de l'époque où le plomb était chauffé à blanc et liquéfié pour en remplir les caractères mobiles en acier.

Tout était nouveau pour moi : la circulation fluide avec des indications de conduite claires et précises aussi bien pour les conducteurs que pour les piétons qui, eux aussi, attendaient que leur feu passe au vert. Et pour la première fois, je me suis promené dans un grand magasin avec des étages auxquels on accédait en empruntant des escaliers roulants.

La Place Stanislas est une grande place entourée de belles portes dorées. L'hôtel de ville et un musée non loin apparaissent dans leur grandeur architecturale, alors qu'au centre des fontaines aux jets d'eau bouillonnants et éclairés par une lumière venant du fond du bassin ajoutaient beauté et prestige. L'eau était si pure et claire que je m'apprêtais à y plonger mon visage pour boire, quand Henri est intervenu, comme à l'accoutumée, pour se désoler de notre sale habitude, à nous les musulmans, de nous précipiter sur l'eau pure, en dehors de boisson plus noble.

Cette place, un véritable pôle d'attraction, est le plus bel endroit à visiter à Nancy, avec ses quatre portes dorées et ses nombreuses statues représentant aussi bien des hommes que des animaux.

Ici, je pris un moment à moi pour écrire à mon fils et à mon frère, tout près de la bibliothèque nationale de Nancy. Je fis le vœu que la Qaraouiyine lui soit pareille un jour, une bibliothèque que j'aime tant et à qui je destine ma bibliothèque personnelle après ma disparition.

A Nancy, Jeanne nous apprit que notre ami Perrin qui n'était pas avec nous, avait été enseignant au lycée de Nancy avant de devenir vice doyen de la faculté de Hambourg en Allemagne.

A la gare principale nous prîmes une photo souvenir au pied d'une statue portant la date de 1873 et dont j'ai oublié le personnage, Thiers peut-être.

Le déjeuner pris ici fut tout à fait délicieux, mais nos amis auraient aimé que nous l'appréciions encore plus, si nous ne nous étions pas interdit certaines boissons.

A Toul

Dans cette ville qui a été la scène de bombardements pendant la guerre, nous avons pu voir de visu des maisons détruites et dont il ne subsistait que des amas de pierrailles. Seule la grande cathédrale commençait à retrouver certains des charmes d'antan.

Le nombre de lieux de culte que j'ai pu visiter à ce jour confirme l'impact du christianisme dans ces régions où j'ai été vraiment impressionné par les bâtiments religieux et leur esthétique.

Je me souviens que lorsque je faisais visiter l'ancienne médina de Fès à un étranger, je tenais à ce qu'il voie les portes de la mosquée Al Qaraouiyine, surtout la grande porte en bronze que je pensais alors unique au monde. Bien sûr, je ne me doutais pas qu'il existait monument plus grandiose. Alors je ne tarissais pas d'éloges sur notre architecture religieuse lorsque je me retrouvais avec cet étranger dans la medersa d'Abou Inan ou celle d'Al Attarine. Et voila que j'avais la possibilité de connaître les trésors des autres ; ceux-ci font de l'ombre à nos monuments que je pensais sans pareil.

A la fin d'une feuille de mon carnet de voyage numéro 2, j'avais d'ailleurs émis le vœu de connaître un jour les monuments musulmans autres que ceux de ma ville natale. Dans ces notes, j'exprimais chaque fois mon vif désir de visiter les mosquées du Moyen-Orient, tout en me demandant si j'y trouverais le même degré de perfection dans leurs ornements et en aussi grand nombre. J'aurais aimé visiter la mosquée du Dôme, celle de la Mecque, celle de Bagdad et voir ce qu'elles comportaient comme beauté et œuvres d'art. J'avais consigné toutes ces phrases pleines de nostalgie tout en parlant de mon émerveillement face aux églises que je visitais par acquis de conscience et honnêteté intellectuelle vis-à-vis des faits historiques. J'ignorais alors que je serais plus tard nommé ambassadeur, notamment en Irak !

A l'intérieur des églises, nous avions remarqué la présence de tombeaux de personnalités enterrées ici comme cela se faisait chez-nous à l'intérieur d'un marabout très connu. Chaque fois qu'un visiteur demande l'intercession d'un saint enterré dans l'église, il grave le mot « merci » sur un bout de marbre qu'il met près de la tombe du saint, comme cela se fait aussi chez nous lorsque les visiteurs d'un saint marocain accrochent, soit dans un arbre soit sur la tombe, des amulettes ou des bouts de tissu. L'édification des églises dans leurs proportions est un héritage romain, et ce afin d'attirer l'attention des croyants sur les maisons de Dieu.

Jeanne demanda qu'on lui accorde le temps de rendre visite à une de ses amies pour la féliciter de la naissance d'un garçon. Nous avons trouvé cette amie de Jeanne en train de jouer un morceau de musique sur un piano à queue.

Certes, la ville a beaucoup souffert de la guerre qui a pris fin il n'y a pas si longtemps. Mais voilà qu'elle revit petit à petit grâce aux nombreux travaux accomplis ici et là.

Depuis que nous sommes sortis de Behonne et Bar-le-Duc jusqu'à notre retour, nous n'avons cessé d'apprendre. Cette excursion était vraiment intéressante à tous les points de vue.

Et après un repas mérité, surtout après la visite de Strasbourg, nous voilà ce samedi 9 août en compagnie de notre ami le professeur Perrin à profiter d'une discussion des plus instructive et des plus agréable.

Notre ami ne nous avait pas accompagnés parce qu'il connaissait déjà la région ; de plus, il devait prendre des vacances avec sa femme et ses enfants. Sa compagnie était vraiment agréable ; en nous demandant nos impressions, il commentait, corrigeait et apportait ses remarques.

Lorsque je lui parlai de la générosité des habitants des Vosges, surtout pour leurs éloges du soldat marocain et son courage qui a fait de lui la bête noire du soldat allemand, Monsieur Perrin nous raconta qu'il existait, dans un musée de la guerre, la statue d'un soldat marocain blessé à mort par l'épée d'un soldat allemand, se jetant sur celui-ci et l'empoignant à la gorge pour le tuer avant de mourir.

Lorsque nous avons évoqué la cathédrale de Strasbourg, son édification et ses nombreux ornements, le professeur nous enseigna qu'elle avait été érigée à une époque où l'Europe était unifiée et où aucune région n'aspirait à exercer quelque prépondérance. France, Allemagne ou Italie, tous ces pays s'entraidaient et tous les corps de métiers de quelque région que ce soit avaient apporté leur concours pour achever ce haut lieu européen.

Il nous parla de l'horloge astronomique pour nous faire remarquer qu'à chaque quart d'heure passé apparaissait la statue d'un individu plus âgé, jusqu'au vieillard qui cède le passage à l'ange de la mort. C'est selon lui dans le but de montrer l'évolution normale de l'être dont le destin est sa disparition certaine, d'où il fallait tirer l'enseignement que tout en ce monde est appelé à mourir, sauf le temps qui, lui, continue dans sa pérennité.

Monsieur Perrin nous rapporta aussi une légende parmi celles qu'on raconte sur l'artiste ingénieur qui a conçu l'horloge. Ainsi, il lui paraissait tout à fait impossible de parvenir à immobiliser la flèche tout en haut de la tour. C'était pour lui un véritable casse-tête ! Et voilà un individu tout habillé de rouge avec des yeux très noirs et une barbiche à même le menton qui lui dit : « je suis prêt à t'aider à réaliser ton œuvre, mais à une condition ». L'ingénieur lui demanda quelle était cette condition, à quoi l'étrange personnage répondit : « que tu m'offres l'âme de la première personne qui entrera dans cette église ». Ne pouvant se permettre de disposer ainsi de la vie de quelque personne que ce soit, l'ingénieur refusa et le diable s'en alla plein de dépit. Il arriva cependant que l'ingénieur ressente du regret de ne pouvoir fixer sa flèche là où il aurait aimé la voir pointer ; le diable se montre à l'instant même et l'ingénieur accepte la condition fatidique qui fait que le diable aide l'artiste dans la réalisation de son vœu. Le jour de l'inauguration, une foule se précipita à l'entrée de l'église, tous voulaient être les premiers à y pénétrer, mais les voilà surpris de voir qu'un chien s'était précipité en aboyant pour être le premier à y mettre les pattes. L'ingénieur ressentit une vive joie pour n'avoir sacrifié aucune âme au diable qui en eut à coup sûr un vif ressentiment.

M. Perrin continua à nous parler de la cathédrale de Strasbourg qui était plus haute que Notre-Dame mais plus petite en surface.

La discussion ne manquait pas de piquant, elle se déroulait, sérieuse et entrecoupée d'anecdotes attrayantes et amènes de sorte qu'on pouvait, comme disaient nos amis, « joindre l'utile à l'agréable ». Henri n'était pas des nôtres, il y avait eu entre lui et sa femme une discussion vive, mais il ne tarda pas à réapparaître pour prodiguer des « bonjour » en nommant chacun par son propre nom, c'était signe que l'horizon s'était éclairci entre sa femme et lui.

Nous parlions d'une peuplade d'une époque révolue et qui vivait selon un mode de vie bien particulier. Cette peuplade s'appelait Zazou et c'est à ce moment que Janine, la femme du jeune Oudard, fit son entrée en short laissant apparaître ses cuisses. Elle nous demanda si son short n'était pas trop voyant, à quoi Pierre répondit : « tout à fait Zazou ».

1952. Israël aussi était présente dans nos discussions. Nous avions en effet lu dans le journal un article concernant le défrichage du sol par les colons. Monsieur Perrin fit un court commentaire, mais combien pertinent sur la situation. Il était parmi ceux qui pensaient que la présence d'Israël dans la région n'était pas en fait due à quelque conviction religieuse ou quelque autre croyance, mais plutôt à des circonstances imposées par une situation bien spécifique à d'autres gens n'ayant aucun rapport avec le judaïsme.

Nous avons dîné ce soir du 9 août chez un ami d'Oudard, Monsieur Jacky et sa femme Marie ainsi que leur fille Christine, une jeune fille vraiment belle. La famille nous a réservé une réception sans pareil. Notre hôtesse nous dit qu'elle était vraiment contente lorsqu'on lui a annoncé notre arrivée et qu'à cette occasion elle avait « tué » un coq ; comprenez bien qu'elle ne l'avait pas égorgé mais lui avait asséné un coup mortel, un coq qu'elle avait nourri pendant des mois.

Et toi frère arabe, toi qui vis avec les « tueurs de coqs », toi lauréat de l'université théologique de la Qaraouiyine, comment fais-tu pour écouler ton temps en ce milieu français et européen en acceptant le plus normalement du monde leurs usages et leurs traditions ? T'es-tu au moins demandé si on tuait les animaux selon la législation islamique ? Concernant ce point, j'avais déjà trouvé un avis juridique dans un ouvrage de droit d'Averroès, la « Bidâya ».

On prenait donc, ma femme et moi, notre dîner tout en discutant de Strasbourg et de sa cathédrale dont la tour atteignait une hauteur de 142 mètres alors que la Tour Eiffel allait jusqu'à 300 mètres, ce qui engagea directement la discussion sur Paris.

Monsieur Jacky nous apprit que cette ville était à l'origine sur une sorte d'île. Deux ponts-levis s'abaissaient selon les besoins et se refermaient chaque fois qu'on craignait une attaque. Puis on parla du climat en France où on distinguait le nord et le midi, défini par l'adage « C'est à Valence que le midi commence ».

On revint par la suite à la maison où nous devions passer toute la journée du dimanche à nous reposer afin de nous préparer à la deuxième étape qui devait nous mener à Paris. Nous disposions donc de suffisamment de temps ce jour là pour profiter des attrayantes causeries avec Monsieur Perrin et de ses propos si enrichissants.

Notre professeur lisait un ouvrage intitulé « La découverte aérienne du monde », un livre riche en iconographie démontrant la rotondité de la terre dont nous avions longuement discuté, jusqu'à ce qu'il me surprenne par la question qui voulait savoir si les musulmans croyaient au mauvais œil.

Voilà un sujet où je ne pouvais sécher et où les arguments ne me manquaient pas. Mon expérience aussi bien livresque que sociale n'était pas des moindres. Monsieur Perrin avait à ce propos un avis d'une rationalité toute scientifique, tout comme moi d'ailleurs. Nous avons donc parlé à bâtons rompus de toutes ces croyances pessimistes comme le bon et le mauvais sort, si répandues chez nous au Maroc. Pour Monsieur Perrin, si les italiens croient si fort au mauvais œil c'est surtout à cause de leur attachement à la religion et aux croyances traditionnelles.

Parmi les livres de sa bibliothèque qu'il m'avait prêtés à lire, un recueil de poésie de Victor Hugo où j'ai pu, avec lui, relire « Sur ta tombe », un poème que j'avais appris à Fès dans mes cours d'initiation et qui m'a rappelé des amis qui l'avaient appris aussi lors d'un pique-nique à Sefrou, Ibn Al Hussein Al Alaoui, Bargach... J'avais pu aussi redécouvrir ce poème avec un excellent maître de Behonne avec lequel j'étais resté seul pendant que nos amis étaient partis tous ensemble au cimetière demander la clémence de Dieu pour leurs parents et leurs proches disparus.

Nourriture et boisson

A chaque repas, pendant ce voyage, et pendant que nous discutions autour de la table, l'inévitable problème du vin resurgissait pour s'imposer de toutes forces. Je sentais que nos amis, tant que nous ne les honorions pas en trinquant avec eux, avaient l'impression que leur hospitalité n'en était pas véritablement une. Ils étaient tout étonnés de nous voir nous contenter d'eau pure qui parfois manquait dans certaines fêtes et cérémonies. Quoi donc ! Qui de nos jours accourt vers un robinet pour se désaltérer ? Et la parole du Christ sur le vin ? Et qui braderait le sang de Jésus contre un vulgaire verre d'eau ?

L'alimentation posait également problème mais pour nous et non pas pour nos hôtes. Ma femme toujours à mes côtés me demandait chaque fois si cette nourriture était licite ; à quoi je lui répétais toujours qu'elle l'était parce que tous les jurisconsultes musulmans sont unanimes sur le fait que la nourriture des gens du Livre est permise avec comme preuve le verset où Dieu dit : « ... et la nourriture de ceux qui ont reçu le Livre vous est licite ». A ce verset, néanmoins, est apportée une exception où Dieu interdit :

« Ce qui a été sacrifié à autre que Dieu ». Alors même qu'on tuerait un animal en nommant une des églises chrétiennes, sa chair demeurerait licite, à plus forte raison quand on le ferait sans rien nommer, comme cela est expliqué dans la « Bidâya » de Ibn Rochd (Averroès).

A Vecoux, quelle ne fut pas ma surprise de rencontrer un concitoyen marocain qui tenait une épicerie et donc faisait commerce de produits alimentaires. Je l'avais rencontré dans le centre ville. Redouane, c'était son nom, avait appris que nous étions enseignants et il s'est présenté à moi pour me poser une question qui lui tenait à cœur. « Voilà, dit-il, je suis marocain et musulman pratiquant. Je fais ma prière et j'accomplis le jeûne du mois de ramadan. Mais parmi les choses que je vends il y a le vin et la viande de porc ». Certains lui avaient dit qu'il vivait dans le péché et qu'il devait abandonner son commerce pour un autre. Je lui demandai alors si lui-même buvait du vin, à quoi il me répondit que non et qu'il ne le vendait pas par ailleurs aux musulmans, mais seulement aux Français.

Je pris alors un long moment de réflexion, comme celui qui calcule une variante sur un échiquier pour trancher la question, en disant à Monsieur Redouane qu'un croyant ayant la charge d'une famille nombreuse et menacée par la détérioration de ses conditions matérielles serait en faute s'il abandonnait son commerce. Je dis donc à Redouane qu'il serait considéré, pendant qu'il livrait le vin ou le porc à ses clients, semblable à une charrette en bois et en fer qui transporte les dites marchandises.

J'émis donc l'avis juridique qu'il ne lui appartenait pas d'abandonner son commerce, me fondant en cela sur l'opinion des spécialistes en sciences fondamentales qui appliquent l'axiome de « l'inspiration par l'essence du texte », ainsi que sur le principe du juge Al Hussain[1] qui dit : « Peiner à travailler est source de richesse ».

A ce moment, et je le suis encore aujourd'hui, non seulement j'étais convaincu de la justesse de ce principe mais selon moi, rechercher cette richesse était une exigence imposée à ceux qui œuvrent, peinent et s'acharnent à travailler pour satisfaire les besoins de leur famille.

Je me trouvais alors avec le professeur Perrin, universitaire et homme de culture, spirituel et ayant beaucoup d'humour. Il était toujours en quête d'informations sur le Maroc. Il intervint dans la discussion pour me demander quel avait été mon parcours scolaire et quelles raisons m'avaient empêché de poursuivre mes études dans les écoles françaises au Maroc dès le début. Je lui ai alors expliqué que je voulais, tout comme mes amis du quartier, rejoindre l'école française, mais que mon père m'avait imposé de demeurer à l'école coranique : il avait peur que je n'abandonne ma langue et ma religion.

Les commentaires de M. Perrin étaient pour moi d'une richesse linguistique, culturelle et historique dignes d'être enregistrés et appris par cœur. C'est ainsi qu'avec lui, j'appris l'expression « revenons à nos moutons » dont il m'a fourni aussi

---

1. Al Hussain : juge perse du Moyen-âge.

l'origine : deux personnes se présentent devant le juge pour une affaire concernant un troupeau de moutons. Le juge, écoutant les arguments de chacune des deux parties qui s'étaient éloignées du sujet, leur a crié « revenons à nos moutons ».

Pour « tomber de Charybde en Sylla », j'ai tout de suite retrouvé la relation de Ibn Batouta, alors à Bahreïn, où on emploie deux noms propres portant les deux sens de fracture et de perte de la vue, « passer de la fracture de l'os à la perte de la vue ».

J'ai gardé en mémoire jusqu'à aujourd'hui beaucoup d'autres expressions, comme « la rencontre des pensées », « le pari de Pascal », qui me rappela ces deux vers du poète aveugle Abou Al Alaa Al Maari qui disent :

« Le médecin et l'astronome me disent qu'après le trépas
Les corps des êtres humains ne ressuscitent pas.
Si vous dites vrai, je n'aurai rien perdu
Si c'est moi qui ai raison, c'est vous qui aurez tout perdu ».

Le professeur Perrin m'enseignait la géographie de la France : 90 départements et nous étions dans le département 55, celui de la « Meuse ». C'était un polyglotte et il me donnait même des leçons de grammaire comparée sans jamais oublier de me demander la position de l'arabe vis-à-vis de tel ou tel emploi. Nous avions longuement traité ensemble de la position du déterminant qui, en arabe et en français, suivent le nom alors qu'il est interposé dans d'autres langues, comme en tchèque, qui disent « française école » au lieu de l'école française, ainsi que du genre de ces déterminants et leurs variations au masculin, féminin ou neutre. Des leçons de grammaire comparée d'un enrichissement certain. En tout cas pour moi.

VERS PARIS

Après deux nuits froides et pluvieuses tout comme en hiver, nous prenons la route pour Paris ; surtout, les relations entre Jeanne et Henri reprennent leur beau fixe.

Nous avons fait nos adieux à Behonne ce lundi 11 Août pendant qu'un vent froid soufflait, emportant au loin les paroles d'adieu de la respectable mère de Jeanne : « faites un bon voyage ».

Nous avons quitté la ville vers 8 h 30 en passant tout d'abord par Bar-le-Duc où habitait la mère d'Henri, l'une des rares villes de France épargnée par la guerre et les canons allemands.

A Sermaize, la belle-sœur d'Henri est descendue voir sa mère et ce de la manière la plus simple, sans aucun protocole d'aucune sorte, pas même des présentations.

Nous sommes passés ensuite par une ville détruite dans sa totalité par les deux guerres et sur les vestiges de laquelle a poussé une autre ville tout à fait nouvelle. Seule l'église avait été épargnée ; Sommesous, si ma mémoire est bonne.

Nous avons traversé une région déserte et aride, sans aucune comparaison avec les Vosges. Le sol y était sec et pierreux, mais produisant selon nos amis les meilleurs vins de France.

Nous voilà à Sézanne où s'élève une cathédrale des plus prestigieuses. Nous devions y dîner après que nos amis se soient reposés, pour déguster son vin. Les visiteurs ne viennent-ils pas à « la pouilleuse champagne » spécialement pour la dégustation de son produit ?

A ma femme et moi on présenta une pomme couverte d'un papier très fin, ce qui rappela à Henri l'anecdote où la feuille du pommier dit à la pomme, que s'apprêtait à croquer un passant : « patience, ma chérie, nous allons nous retrouver bientôt » ; anecdote réservée à ceux qui après leurs besoins remplacent les feuilles par l'eau !

Sur la route, le trafic intense imposait des pancartes invitant à la prudence, d'autant que le ciel nuageux dans la région obstruait la vue. C'est à Lagny, pas très loin de Paris, que nous nous sommes arrêtés. Y habitait le fils d'Oudard qui nous avait accompagnés dans les Vosges. Nous avons été à la maison de l'oncle d'Henri et de son fils, chez qui ce dernier habitait avec sa femme.

Dans la région nous avons vu un genre de mûrier aux fruits blancs alors que sur celui que nous connaissions dans la région de Sefrou ils étaient rouges. J'en pris un plant que j'ai planté plus tard dans le jardin de ma maison à Fès.

Lagny est une ville bourgeoise où habitent généralement des gens aisés fuyant les bruits des grandes villes comme Paris.

L'oncle nous a reçus, comme à l'accoutumée, avec une

panoplie de bouteilles de vin de tous genres, de toutes les formes et de tous degrés et les verres allant avec chaque sorte de boisson.

Le professeur Perrin ne manqua pas cette occasion pour nous présenter son point de vue sur les vins et les Français. Selon lui les Français ne boivent pas pour s'enivrer mais pour goûter et apprécier la saveur des liqueurs et accompagner leurs plats des vins allant avec : les viandes rouges avec le rouge, les poissons avec du rosé... et rares seraient ses concitoyens qui boivent pour boire. Outre le fait que le climat étant froid, l'alcool était là pour en atténuer les rigueurs. Théorie que l'oncle d'Oudard (soixante-dix-sept ans) ainsi que le fils corrigèrent en ajoutant : « En plus, nous ne nions pas que les Français aiment aussi boire pour s'enivrer et oublier la réalité de leur existence dure et pénible ».

Comment, après cela, ne pas se sentir parmi les siens ? Nous avions cette impression, sous les arbres touffus autour desquels poussaient çà et là de la lavande. Dans le jardin, des plants de tomates étaient soutenus par des bouts de bois et non pas comme chez nous par de l'osier qui rajoutait au panorama en beauté et en ornement.

Après ce moment agréable dans le jardin de l'oncle, nous prîmes notre café et eux ..., à chacun son café !

Nous montons vers Paris. Cette métropole va-t-elle réellement nous envoûter ? Par la fenêtre de la voiture, je fixais les nombreuses sorties et entrées de Paris, dont l'oncle et le fils d'Henri nous avaient dit que l'extérieur ne reflétait nullement l'intérieur.

A l'entrée, en effet, on ne voyait qu'usines et grands ensembles industriels.

Nous laissâmes à notre gauche un endroit qui avait été la scène d'une grande catastrophe ferroviaire : la collision entre deux trains qui avait provoqué 300 morts et de nombreux blessés.

Plus nous nous approchons de la métropole, plus les immeubles se font nombreux. Dans la voiture, la discussion sur les monuments de Paris battait son plein. La Tour Eiffel construite en 1900 ! Une multitude d'arbres filaient face à nous avant que la tour ne nous apparaisse dans sa totalité et dans toute sa hauteur. Là, de vastes avenues, des voies de métro, des immeubles, des maisons et des villas... Paris capitale planétaire !

Henri tenait à avoir des nouvelles de ses amis et de ses camarades qu'il avait connus avant ou pendant la seconde guerre mondiale. Il découvrit que l'un d'eux était mort, plus aucune trace d'un autre et il n'eut aucune nouvelle d'un troisième. Telles sont les guerres !

Paris, la voilà enfin avec ses artères engageant dans toutes les directions. Oui, vraiment c'est une roue dévoreuse et je ne pense pas qu'on lui imprègne son mouvement. Des dômes élevés et bien répartis, alors que nous n'en sommes qu'à la banlieue, encore loin du centre de Paris.

Nous longeons la Seine et apercevons la Tour Eiffel au loin. Il est 15 h 45 de la journée du lundi 11 août 1952, des passages à tous les niveaux, souterrains et en hauteur.

Nous voilà devant la cité universitaire : il n'y a pas que

des étudiants français mais des étudiants de toutes les nationalités. Parmi eux des Marocains même : chaque nation y a sa part.

En quittant le Maroc, j'avais déjà programmé de rendre visite à mon ami d'enfance, Driss Al Jay, à qui je n'avais jamais cessé d'envoyer des lettres.

Nous nous sommes désaltérés chez la cousine de Jeanne et en avant pour la porte d'Orléans où habite mon ami Al Jay, un étrange personnage.

A mes côtés, Monsieur Perrin m'aide à m'orienter et m'informe de la manière la plus pédagogique sur les hauts monuments devant lesquels nous passons. Il a été mon guide à Paris également. Il a laissé sa voiture chez l'oncle d'Henri et s'est joint à nous pour qu'on ne se sépare pas si vite.

Les artères, les allées, les avenues... tout cela me donne le vertige. Tout cela existe partout dans le monde, à Londres, New York ... mais dans le monde entier, il n'y a pas Paris.

La Tour Eiffel est omniprésente, à chaque virage elle nous apparaît à la fenêtre de la voiture.

Ici le palais où Napoléon recevait les hommes d'État, là l'immense palais de Louis XIV tout doré sur les côtés et devenu le Louvre : tout est là, en plus d'un dôme que j'estime être le plus beau au monde. Monsieur Perrin me parle de l'ensemble de ces merveilles comme le ferait un spécialiste en art et en archéologie.

Nous laissons le Ministère des affaires étrangères (le Quai d'Orsay) à notre gauche et nous apparaît la statue dorée d'un cheval au coin d'un pont enjambant la Seine. Et voilà le musée de

Paris et ensuite les Champs-Élysées où on trouve le nouveau siège du journal le « Figaro ». La plus grande et la plus célèbre avenue du monde avec l'Arc de Triomphe édifié sous Napoléon.

Ces avenues sont interdites aux poids lourds. Monsieur Perrin me parle du cinéma où je pourrais voir, précise-t-il, ce que je n'avais jamais vu. Champs-Élysées et Arc de Triomphe ont été le prétexte à plusieurs ouvrages et à plusieurs articles dans les encyclopédies, certes surtout car une bonne partie de l'histoire de France y est rattachée.

A Marigny, par la suite, j'ai assisté à un ballet. Une merveille comme je n'en ai jamais vue pendant toute mon existence.

L'Arc de Triomphe, la nuit, est une véritable splendeur. Là, l'obélisque sœur jumelle d'un autre resté au Karnak, puis le palais de Chaillot où étaient exposées les questions politiques du monde. Du haut des chaires de ces hauts lieux, des leaders politiques et des chefs d'États prononçaient leurs discours retentissants. Près de l'Assemblée Nationale, se tient droit et altier le Maréchal Foch et du haut de la Tour Eiffel, le visiteur peut voir tout Paris avec ses trois millions d'habitants.

Cette Tour a été édifiée à l'occasion de l'exposition internationale, 60 tonnes de peinture, c'est ce qu'il a fallu pour lui donner sa couleur. Pour celui qui veut voir Paris dans sa totalité, dans son détail et dans son intégralité, il lui faut emprunter l'escalier menant tout en haut de la tour Eiffel. La chanson française est d'ailleurs là pour le rappeler, « qu'il n'y a pas de Paris sans la Tour Eiffel ».

A l'entrée du Palais de Chaillot, était écrite cette expression dont je me rappelle les termes : « Que je sois pour toi, cher visiteur, une Tribune. Que je prenne la parole ou que je me taise, cher ami visiteur, n'entre pas ici si tu n'en as pas envie ».

Sur la Seine traversant tout Paris, des embarcations empruntent son cours, dans son voyage vers l'Atlantique où elle va se jeter.

Dans le Panthéon, les célébrités sont là, figées mais présentes afin que jamais leur mémoire ne soit effacée. Jean-Jacques Rousseau, Descartes, mais aussi des personnalités et des notables de la capitale.

Les Invalides et le Sacré-Cœur se distinguent des autres monuments par leur organisation accomplie et leur symétrie parfaite.

Paris ! Une civilisation avec déjà des siècles d'histoire, mais évoluant toujours vers le haut, se développant sans cesse sans jamais perdre de son empreinte culturelle indélébile. Quarante ans de protectorat nous feraient-ils profiter et bénéficier de l'esprit d'organisation des Français ? Ce sont là les termes mêmes employés et écrits de mes propres mains dans mon journal de route.

Paris ! Assemblement de civilisations diversifiées appartenant à toutes les régions, à toutes les religions et à toutes les sociétés humaines du monde.

Que de visites ! Interminables et toutes aussi attrayantes les unes que les autres : Place de la Concorde, l'obélisque et Notre-Dame dont j'ai déjà parlé en évoquant mon activité de « guide touristique » faisant visiter, à Fès, la Qaraouiyine ou la porte Chamaïne à quelque étranger de passage.

Je considère ma visite de Notre-Dame comme l'apothéose ! Grandeur et perfection. Une foule de visiteurs s'approchent des portails. Je n'oublierai jamais, en sortant de la cathédrale où nous avions contemplé le front intérieur, qu'un employé du temple s'était accroché aux pans de nos habits, ma femme et moi. Était-ce quelque fou de Dieu en errance ? Était-ce quelque fou du roi amusant les visiteurs ?

Cette visite nous a pris beaucoup de temps et n'a pas manqué de provoquer en moi nombre de questions. Trouve-t-on en Égypte, à Damas ou à la Mecque semblables temples ou pouvant l'égaler ? Comme j'aurais aimé m'y rendre pour vérifier mes comparaisons.

Nous voilà tout près de cette tour qui n'avait pas cessé de hanter mon champ visuel en voiture. J'étais déjà émerveillé par l'ascenseur, 45 personnes peuvent l'emprunter en un seul voyage, c'était pour moi tout un monde. Eiffel a vraiment excellé en édifiant son œuvre pour son pays. L'ascenseur, puis le restaurant et même un café. Nous allions d'émerveillement en émerveillement.

Nous sommes au premier étage, après avoir visité le deuxième étage ; d'ici, le panorama est meilleur, car le champ de vision est plus large et plus harmonieux qu'au second.

La sculpture à Paris relève d'une véritable culture. Lorsque deux sculptures sont face à face, elles n'ont qu'une fonction ornementale. Mais lorsque la statue est sur un piédestal au milieu d'une place, elle est réservée à un homme politique ou quelque autre célébrité. Toutes ces sculptures avec leurs ornements et la qualité de leurs formes portent des expressions dont nous n'avons aucune connaissance et dont les significations sont sans aucune relation avec notre culture. Et, comme je l'avais dit un jour, si jamais les personnages de ces sculptures venaient à ressusciter, nous aurions été embarrassés en passant par ces lieus.

Nous voilà près du palais de Chaillot, l'avenue y menant est interdite aux poids lourds afin que ne soient pas dérangés ceux qui y travaillent.

Et que dire de l'autre Paris, le Paris souterrain et le monde du métro ? Sous nos pieds, un monde tumultueux grouille. Les habitants de la cité s'y déplacent le plus normalement du monde, empruntant n'importe quelle direction grâce au métro qui traverse la ville en tous sens. Même le visiteur étranger ne rencontre aucune difficulté à s'y mouvoir aisément : des cartes à chaque entrée de métro indiquent clairement les directions à prendre. Parfois, une seule ligne suffit pour vous transporter à la station de votre choix, d'autres fois vous êtes obligé de changer de métro à partir d'une correspondance, voire deux ou trois... Tout cela sans recourir au secours des passants pour vous renseigner. Il vous suffit d'appuyer sur un bouton pour que sur la carte s'allument toutes les étapes à suivre, chaque ligne indiquée par une couleur vous indiquant la direction à prendre. Si vous voulez vous retrouver à Guy Môquet par exemple, il vous suffit de trouver la lettre « G » et d'appuyer sur son bouton pour avoir toutes les lignes à prendre.

Le visiteur de Paris devra donc en premier lieu connaître

l'alphabet de la langue française pour que la carte l'oriente à travers la vile comme s'il avait loué le service d'un guide. A ce propos, je ne manquerai pas, encore une fois, de rappeler le proverbe arabe qui dit : « celui qui entre au Dhofar doit connaître la langue himyarite ».

J'aime à citer cet adage pour insister sur l'importance de la connaissance de la langue du pays qu'on visite. Celui qui se rend en France devrait au moins connaître l'alphabet français, sinon qu'il demeure chez lui ou qu'il prenne un interprète pour cela.

A Paris je me suis rappelé d'un ami à moi à l'école primaire, Larbi Al Haraoui. Il était aveugle et sa cécité était à l'origine de nombre d'accidents qui lui étaient arrivés. Une fois, il était tombé dans un puits n'ayant pas de margelle, une autre fois, il était tombé du haut d'une terrasse et une autre fois encore il avait cogné en plein visage la barre de fer que transportait un passant. A cet ami, s'il avait été à Paris, il ne lui serait rien arrivé de tout cela. J'ai pensé à lui parce que j'ai vu des aveugles qui se déplaçaient facilement grâce à une canne blanche qui le désigne au quidam qui lui cède alors le passage ; et s'il n'utilise pas ses propres yeux, il utilise ceux de ses compatriotes dans le cadre de l'entraide que doivent assurer les êtres humains à leurs semblables.

Nous faisions une promenade à pied dans les quartiers de Paris, nous étions passés devant de nombreux commerces dont des vendeurs de légumes et de fruits. A travers la vitre, je vis une pastèque à l'étal, enveloppée d'un plastique transparent, le prix était affiché à côté. Je m'amusai à comparer ce prix à celui pratiqué chez nous au Maroc où l'on vend la pastèque à quelques sous. Ici, 25 grammes de mauve de Mauritanie, de son nom latin « malva », valent 1000 francs, les figues de barbarie 100 francs l'une, des fruits que nous rencontrons à chaque tournant de rue à Fès. Certes, on peut bien rire et juger ces choses d'une plate simplicité, mais à y réfléchir, ces choses ne sont pas aussi simples qu'elles ne le paraissent.

VISITES ET RENCONTRES

Me voilà à Paris pour la première fois. Je ne pensais alors qu'à une seule personne que je désirais fortement revoir. Driss Al Jay était un camarade de classe à l'école islamique que dirigeait son père, le cheikh Thami, et dont le directeur pédagogique était à l'époque Ahmed Al Jirari.

Nous étions, Driss et moi, presque du même âge ; il était né en novembre 1921. C'était un véritable enfant prodige, mais tout aussi étrange que singulier. Il avait entendu dire à l'époque que le général Franco encourageait les jeunes Marocains du nord du Maroc, alors sous mandat espagnol, à se rendre en Égypte pour y poursuivre leurs études. Voilà qu'il décida de se rendre jusqu'à Tétouan, dans le nord du pays, en clandestin. Il n'en parla qu'à son grand-père tout en ajoutant que je pourrais l'accompagner.

Quelque temps après, plus trace de Driss ! Personne ne savait où il était. Mais voilà que je reçois une lettre de lui où il m'apprend qu'il est à Tétouan. Son pauvre père allait devenir fou et me demandait souvent de l'aider à trouver quelque trace de son fils. Mais je n'y pouvais absolument rien. Finalement, Driss ne put se rendre en Égypte à cause de la guerre qui s'était déclenchée jusqu'en mer Méditerranée. Le vice-roi de Tétouan l'envoya donc dans une mission estudiantine en Espagne. Une fois en Espagne, notre ami subit une véritable métamorphose, au point où il fut renvoyé à Tétouan et, ne pouvant plus s'aventurer nulle autre part, il décida de revenir parmi les siens. Mais ce retour ne se fit pas sans peines et une fois dans la zone française, il rejoignit Radio Maroc pour ensuite connaître une promotion et être muté à la radio française à Paris. Et voilà une troisième mutation dans sa personnalité même puisque j'allais connaître un troisième Driss Al Jay.

A ce Driss parisien, j'avais envoyé une lettre une fois que nous fûmes sûrs de notre voyage en France et que nous allions bien nous retrouver à Paris pour deux ou trois jours à partir du lundi 11 août. Dans ma lettre, je lui écrivais que j'étais décidé à passer avec lui mon séjour parisien pour que nous profitions de notre amitié interrompue et que nos deux épouses puissent faire connaissance.

Pendant le voyage, j'étais fermement résolu à m'attacher au principe qui veut qu'on vive avec autrui comme des frères, mais qu'on agisse avec eux comme un étranger ; ou bien, comme disent les Français, « les bons comptes font les bons amis ». Mais nos hôtes refusèrent catégoriquement que je participe avec eux aux frais du voyage ; surtout Jeanne, collègue de ma femme à l'école. Elle ne voulait rien savoir et faisait échouer toutes mes tentatives de participer financièrement.

A Paris, ils m'avaient annoncé que leur gendre, professeur à Hambourg, sa femme et son fils allaient nous accompagner. Nous voilà donc huit personnes. C'était là un beau prétexte pour que nous nous retrouvions, ma femme et moi, seuls avec Driss et sa compagne, au moins aux heures de repas et le soir. Nous allions donc, avais-je écrit à Driss, disposer du temps nécessaire pour de délicieuses retrouvailles et pour que nos épouses fassent plus ample connaissance.

J'en profitai donc pour demander à nos amis de nous réserver une chambre dans la pension où résidait Driss. On convint donc ensemble que nous nous séparerions de nos amis au moins pendant les repas et le soir, d'autant que cela faisait des semaines entières que nous n'avions pas profité de notre intimité. Je demandai par conséquent que chacun se libère de son côté pendant ces deux jours de longues discussions au 153 rue Legendre dans le dix-septième arrondissement de Paris, villa Tingad. J'avais réservé la chambre 76, dans l'hôtel où il habitait, une sorte de pension familiale où descendaient des Arabes et autres moyen-orientaux.

J'avais ramené avec moi du Maroc des gâteaux au miel dont je savais que Driss raffolait, l'une des nombreuses sortes de fourrés à la pâte d'amande.

Je lui ai présenté ma femme, il en fit de même. Son épouse était d'une extrême gentillesse et toujours souriante. Il l'avait connue à Paris. Son fils aîné, Sami, d'une grande beauté, nous ensorcelait avec ses yeux pétillant d'une intelligence rare ; j'ai aussi pu voir les jumeaux, Farid et Salim, des prématurés, somnolant tels deux chatons, mais dans une couveuse pour compléter leur croissance.

En premier lieu et avant qu'il n'oublie, Driss m'avait demandé de lui envoyer des ouvrages dont il était nostalgique et qu'il était, à l'époque, bien difficile de se procurer à Paris. Il m'avait demandé, chose étrange de sa part, car je pensais, à tort, qu'il avait à jamais renoncé à nos vieux manuscrits désuets et archaïques, le commentaire établi par Ibn 'Aqil sur le poème didactique résumant la grammaire arabe ; mais aussi, et là je reconnaissais tout à fait mon ami, le *Livre des Chansons*, une anthologie de la poésie arabe par Abu al Faraj d'Ispahan, ainsi que des romans et de la poésie arabe contemporaine. Concernant le *Livre des Chansons*, il savait que j'en gardais des volumes dans ma bibliothèque, me les ayant lui-même prêtés après les avoir pris chez son père. Ce dernier avait acquis l'ensemble de l'anthologie en Égypte où il avait été à l'occasion du premier congrès de la musique arabe en 1932.

Nous avons passé toute la nuit à discuter et je pris un réel plaisir à écouter le récit de ses aventures si attrayantes. Le lendemain, nous sommes sortis en promenade, et c'est aux pieds de la tour Eiffel qu'il nous lut son dernier poème, « Déluge », qui me rappela alors le poète arabe libanais, Michael Nuayma, un poème d'une révolte frôlant l'insurrection, je n'en trouve comme exemple que le premier vers que j'ai gardé en mémoire :

« Notre péché c'est que nous soyons ici-bas

Des images, mais en chair et en sang ».

J'avais toujours pensé que ce poème était celui-là même paru avec le même titre dans le recueil « Réflexions[1] ». Mais le chercheur

---

1. Al Sawanih.

Madame Touria Zarrou, dans sa thèse de doctorat sur le poète, a corrigé ma méprise en expliquant que le déluge n'est pas ressenti par Driss de la même manière au Maroc et en France, bien qu'il y ait des points communs.

Je me plaisais à l'écouter, et je sentais bien qu'il avait besoin qu'on l'écoute, évoquer avec nostalgie toute chose marocaine. Mais il ne pouvait vivre tous ses sentiments au Maroc. C'est qu'il avait beaucoup souffert des agissements des autres vis-à-vis de lui. C'était un incompris ! Ou bien était-ce lui qui ne comprenait pas les autres.

Il avait su que je m'intéressais à la langue française que je voulais apprendre. Il m'a alors conseillé de m'inscrire à l'école universelle dont l'enseignement se faisait par correspondance, tout en prenant la peine de m'inscrire sur une feuille l'adresse de cette école dont les enseignants étaient considérés comme les plus grands pédagogues de l'époque.

C'était le soir du deuxième jour de notre séjour parisien, le mardi 12 août 1952. Driss me remit en fin de soirée son emploi du temps à la radio, tout en insistant pour que nous demeurions en contact direct.

Nos amis avaient tenu à exaucer mon vœu d'aller à la rencontre de notre beau-frère, Mohammed Ben El Fatmi Boutaleb, étudiant à la faculté de médecine, que j'ai connu pour la première fois à l'école Ennajah de la place El Kais à Fès. Celle-ci était dirigée alors par le professeur Bouchta El Jamai. Boutaleb était inscrit au collège français Moulay Idriss qu'il fréquentait pendant les jours de semaine. Les samedi et dimanche, il prenait des cours d'arabe avec nous.

Une amitié était née entre nous. Mais nous fîmes mieux connaissance quand nous nous retrouvâmes tous les deux en prison en 1944 au lendemain de la présentation de l'édit de la proclamation de l'indépendance. Il a été appréhendé sous l'inculpation de propagation d'idées nationalistes au collège, d'autant plus que l'école privée où il apprenait l'arabe était connue pour abriter des nationalistes opposés au protectorat français.

Nous partîmes à la recherche de la faculté de Médecine. Le proverbe marocain ne dit-il pas : « celui qui est doué d'une langue ne peut se perdre » ? Elle se trouvait à proximité de l'hôtel où logeait Mohammed Ben El Fatmi. Nous nous sommes donc retrouvés de manière fort agréable dans un café près de l'hôtel où nous étions descendus. Il fut surpris de voir sa cousine Touria que je venais d'épouser. Il ne l'avait jamais vue auparavant.

Il nous demanda des nouvelles de sa mère et de son frère Driss, dont j'ai parlé par ailleurs, marié à la sœur de Touria. Il se trouve être aussi mon beau-frère. Cette forme de parenté porte des noms différents dans le monde arabe. Nous passâmes d'agréables moments ensemble, en compagnie d'Oudard, Jeanne et Touria. Le professeur Perrin, lui, était demeuré au restaurant, attendant notre retour et faisant la queue au milieu de tant d'autres pour nous retenir une place.

Tout au long de ces journées, nous faisions des sorties entre amis, pour être mieux informés sur les hauts lieux de Paris. Le professeur Perrin tenait à satisfaire notre curiosité autant qu'il le pouvait. Nous l'avons accompagné à l'Opéra. A propos, tous ceux qui, visitant Paris, n'auraient pas vu le théâtre de l'Opéra auraient énormément manqué.

J'eus alors en mémoire ce qu'ont rapporté nos anciens ambassadeurs de ce qu'ils y avaient vu. Cela ne correspondait guère à ce qu'ils avaient vécu et n'était donc pas en harmonie avec leurs traditions... Mais il est certain que Cheikh El Hajoui a été le plus sincère parmi les visiteurs concernant la pièce qu'il avait vue à l'Opéra : « Elle n'était pas du tout du goût des Marocains dont aucun ne connaissait la langue locale ».

Dans un passage très plaisant de ses mémoires, il revient sur l'accompagnateur français de la délégation marocaine qui lui avait dit : « les gens applaudissent d'habitude à la fin de la pièce. Il conviendrait que vous en fassiez de même ». El Hajoui a donc applaudi sans rien comprendre tout comme une pleureuse rémunérée pour cela.

Avant de contempler toutes les merveilles de l'Opéra, nous sommes allés Place Vendôme. Nous y avons vu nombre de statues uniques, aussi fines de conception que belles dans leur composition. Ici, une colonne surmontée de la statue de Napoléon. Tous les bâtiments aux alentours remontaient au siècle de Louis XIV. Là, un trésor somptueux de parures et de pierres précieuses, sur la place Vendôme, où il y a une couronne rayonnante symbolisant « le roi soleil ». De nombreux Français visitaient cette place en même temps que nous, pour la première fois de leur vie ... un peu plus loin, l'avenue des Pyramides.

Puis c'est le Louvre, qui appartenait aux rois de France et qui est aujourd'hui un monument parmi tant d'autres. Chaque roi y est allé de son empreinte ; chaque période y a laissé sa trace. Voici la plus belle façade du Louvre, toute en colonnes d'un style superbe, un peu le genre Bab Mansour El Mansour El Aalj chez nous à Meknès.

Des ponts massifs enjambent la Seine, à proximité de Notre-Dame de Paris ; avec de chaque côté du pont des bouquinistes, des botanistes exposant leurs plantes. Une autre esplanade devant Notre-Dame avec des vues merveilleuses, des statues des rois, Adam et Ève avec Marie au milieu, des statues du Christ en croix. Cela n'a pas manqué de me rappeler un de nos anciens ambassadeurs en visite ici, qui, hors de lui, a tenu à y remettre de l'ordre en invoquant les paroles du Coran concernant le Messie, fils de Marie : « Ils ne l'ont ni tué, ni crucifié. Il leur a semblé que c'était lui ».

Statues et peintures symbolisant le bien et le mal, des merveilles uniques dans cette cathédrale. Les artistes du monde entier n'arrivent pas à concevoir comment ont été réalisées ces fenêtres d'une rare perfection. Une autre effigie de la Madone, des statues à n'en plus finir ... Là, une statue de l'empereur Charlemagne dont on dit qu'il a reçu une horloge en cadeau de la part du Calife Abbasside Haroun Errachid. D'autres statues de divinités auxquelles des noms sont donnés ...

Les guides parlent toutes les langues : anglais, espagnol,

portugais... Chacun expliquant au groupe qu'il accompagne la vérité sur les faits telle qu'ils la conçoivent ici. Des sculptures sur la résurrection avec les mots sortant des entailles de la terre de l'ange sonnant le cor...

On aurait pu passer là tout notre temps. J'ai appris que la cloche pesait treize mille kilos. Bien loin de la cloche « agrandie » par la suite et transformée en lustre qui fut suspendu dans l'aire centrale de la mosquée Qaraouiyine à Fès et dont on parle avec force superlatifs.

Voici la Sorbonne, la célèbre université. Il s'y trouve une colonne surmontée d'un chapeau vert. Je ne peux dire ce qu'il symbolise. Encore une statue blanche tout en haut d'un dôme.

Je demandai à mon compagnon quelle était son opinion sur toutes ces statues que nous voyions, il répondit que c'était de l'argent gaspillé en pure perte !

A notre gauche, il y avait le jardin zoologique avec d'inoubliables variétés d'animaux ; à décrire et à inventorier...

Heureusement que nous avions une bonne voiture, un conducteur chevronné et un guide qui connaissait parfaitement la capitale et ses monuments.

La mosquée de Paris

Entre autres amabilités de nos compagnons, ceux-ci ont tenu à exaucer notre désir de visiter la mosquée de Paris, à propos de laquelle nous avions beaucoup lu et entendu. Si ses murs pouvaient parler, ils feraient d'étranges révélations à propos des relations bilatérales entre le Maroc et France, spécialement lors du discours du roi du Maroc, le sultan Moulay Youssef Ben Hassan en réponse à celui du président Gaston Doumergue, le 15 Juin 1926, jour d'inauguration de la mosquée !

Ceux qui s'intéressent à l'histoire de la mosquée de Paris doivent se remémorer le règne du souverain marocain Mohammed II qui avait posé comme condition, avant la signature d'un traité avec le roi de France Louis XV, le 28 mai 1767, au lendemain de la bataille du Loukos de 1765, l'édification de mosquées en France. Il stipulait dans son alinéa 11 que les sujets de sa Majesté ne devaient pas être empêchés sur le sol français de faire leurs prières à la mosquée, dans n'importe quelle ville française.

Nous sommes, le 12 août, au centre de la mosquée de Paris. Sa haute tour, sa salle de conférence, sa salle des études islamiques, nous entendions tous les jeudis et vendredis des échos en langue arabe.

Touria éprouvait une grande fierté en se promenant dans ses espaces. Nous avons accompli tous deux la prière du « salut de la mosquée ».

Pour nous faire une plus large idée de ce grand monument culturel il était nécessaire de passer en revue nombre de photos et de croquis que nous commentions au fur et à mesure.

Nous avons quitté ce sanctuaire pour compléter notre promenade en visitant l'entrée du Parlement français et de la Concorde, la place la plus célèbre au monde.

On nous a également fait visiter, sur les Champs-Élysées, la Maison du Prestige où des tissus sont vendus à bas prix en fin de saison. Ces soldes étaient une manière de liquider tout ce qui se portait avant, à des prix abordables. Les vêtements portaient des tickets mentionnant l'ancien prix et le nouveau pour mieux motiver les éventuels acheteurs.

De là nous sommes retournés à l'Assemblée Nationale, laquelle est entourée de statues, principalement l'entrée. Des voitures en provenance d'Égypte et portant des chiffres hindous ne manquaient pas d'attirer l'attention. Elles appartenaient probablement à des diplomates ou à de simples touristes. D'autres voitures portaient des plaques minéralogiques portugaises.

Il y a là tellement d'espace, de distance, que sans la voiture nous n'aurions certainement pas visité tous ces endroits. Que de choses à voir, ici ! Par chance, nous étions accompagnés.

Nous arrivâmes devant le bain le plus ancien de Paris, construit par les romains, un bain antique. Peu après, nous entrions dans un restaurant portant une enseigne au nom de « Dupont ». C'était un restaurant magnifique où nous avons dû attendre notre tour. Paris regorge de touristes en cette saison, par groupes entiers en provenance de tous les pays. C'était l'été, période de vacances, une occasion fort belle pour des caravanes de visiteurs avertis de tous les coins du monde.

L'entrée du restaurant était ornée d'aquariums aménagés dans les murs où des poissons évoluaient dans une verdure artificielle parsemée de fragments de roches derrière des panneaux de verre. Le restaurant se trouvait au sous-sol. Nous y sommes tous descendus, Jeanne et son mari, le couple Perrin avec leur fille, ma femme et moi. Une horloge murale était remontée de telle façon qu'elle sonnait de temps à autre de manière mélodieuse.

L'entrée était un plat de gros escargots accommodés aux aromates. Les pauvres petits escargots que nous avions l'habitude de manger chez nous et que nous offrions même aux voisins ne résistaient pas à la comparaison. Nous avons trouvé à Paris des escargots civilisés dans toute l'acception du terme.

La cuisine anglaise fait peu de cas du sel, l'allemande est avouée en épices, mais la gastronomie française a de quoi être fière. Ici, on mange la tomate à l'ail comme chez nous. Pour le poisson, on a l'embarras du choix entre le blanc, le jaune et le rouge.

Le restaurant, même en sous-sol, était décoré de variétés de plantes qui n'ont pas besoin d'être exposées au soleil.

Par coïncidence, le restaurant se trouvait non loin du vieux bain historique dont nous avons déjà parlé. Nous sommes dans le Quartier Latin, des ruelles anciennes, des impasses étroites dont l'une porte le nom : « rue du chat qui pêche ».

Certains de ceux que rencontrait notre regard ne devaient pas entretenir de liens étroits avec les préceptes de la religion. Uniquement férus de sport, ils n'accordaient pas le moindre intérêt à ce qui pouvait plaire ou déplaire aux passants. Il leur suffisait de se sentir bien dans leur peau. Certains jeunes portaient des chemises dont ils se drapaient comme d'un journal avec titres et articles. Mais un proverbe de chez nous prévient qu'à vouloir contrôler ce que fait autrui, on s'expose à mourir de mélancolie.

A plusieurs reprises, notre regard a été attiré par ce ramier que nous appelons au Maroc « pigeon sauvage », réputé pour son caractère qui le conduit à fuir la proximité des humains. Ici, il se fait très sociable. Il vient picorer les graines dans les mains même des touristes !

Nous avons passé la matinée du mercredi 13 août en compagnie de Driss, mon voisin dans la chambre n° 76. Nous avons dégusté chez lui du thé noir sans sucre ; puis nous avons souhaité « au revoir » à Madame son épouse et à ses enfants.

Nous sommes retournés à Lagny pour dire adieu au beau-frère ; il était à son habitude souriant, rieur, avenant, on lisait dans ses pensées comme dans un livre ouvert.

La maison était vraiment une des plus belles que nous ayons visitées. Monsieur travaillait à Paris, mais passait ses nuits ici loin du vacarme, le coin idéal pour retraités aisés.

Nous étions exténués et avions réellement besoin de repos. Le hasard voulut que le dîner de ce mercredi 13 Août eût lieu à Sézanne, par laquelle nous étions déjà passés. Nous y avons mangé des raisins à la saveur musquée, de couleur noire comme le muscat Tazi (de la région de Taza) connu à Rabat ; l'aurait-on transplanté de Lagny ? Même repus, nous apprécions son goût, une des multiples saveurs de la nature. Il nous était difficile de comprendre comment on pouvait lui préférer le vin qu'on en tirait.

Le temps commença à se gâter, éclairs, tonnerre et pluie. La conversation avec le professeur Perrin et les autres était toujours aussi enrichissante. Leurs propos sur les jumeaux de Driss étaient empreints d'humanité et de beauté. Quel avenir les attendait ? Quelle devait être l'aide apportée par l'État à de tels enfants ?

Sur la route du retour

Nous avons rebroussé chemin vers Behonne, prélude au retour au Maroc ; tout a une fin.

Nous y avons passé le jeudi et le vendredi qui correspondaient à la fête de l'Assomption. Nous avons accompagné Monsieur Oudard pour saluer sa mère. Elle présida la table, m'installa à sa droite avec Touria à mes côtés, alors que son fils Henri et sa femme prirent place à sa gauche. Elle était en train de tricoter un pull-over dont elle ne parvenait pas à harmoniser les coloris.

Nous quittâmes nos amis à Behonne, le professeur Perrin, sa femme et sa fille, la brave mère de Jeanne, son fils Maurice et sa sœur Marguerite. La séparation fut particulièrement difficile. Nous avions passé des jours et des semaines pendant lesquels nous avions tout partagé.

C'était l'après-midi du vendredi, nous avons tourné le dos à Behonne pour aller vers Troyes. J'ai eu une pensée pour Ibn Batouta qui trouvait préférable, au retour de ses voyages, de ne pas emprunter le même chemin qu'à l'aller. Le changement lui garantissait plus de plaisir. Aussi avons-nous pris la direction d'Auxerre, plus au sud, la plus importante ville du département de l'Yonne. Puis Champs et Nevers. La vitesse à laquelle roulait la voiture correspondait parfaitement à la terminologie utilisée par le poète Kaab Ibn Zouhair[1] dans ce domaine et qu'il m'arrivait d'expliquer à mes étudiants de la Qaraouiyne...

Là encore, Henri recommença à répéter le nom de Saint Christophe. Je l'accompagnai en implorant l'aide de Dieu et non celle de Saint Christophe.

Nous arrivâmes à Moulins et de là nous sommes passés à une vingtaine de kilomètres à gauche de Vichy en traversant des plateaux pour arriver à Morat où il ne nous a pas été possible de trouver un hôtel tant cette ville était la destination choisie de touristes qui y avaient réservé à l'avance.

En traversant le Massif central, nous avons aperçu le gigantesque pont, unique en son genre, édifié par Gustave Eiffel dans cette région. Des montagnes, encore des montagnes... avec des sources thermales chaudes.

Nous avons fini par trouver le gîte « A la bonne Auberge » dont nous avons retenu l'adresse. Elle garantissait le garage à ceux qui possédaient une voiture.

Nous y avons passé la nuit. Le lendemain, jeudi 14 août, nous avons repris la route dans la matinée après avoir fait provision de nourriture pour ne pas être retenus en route, qui du reste était fort belle, les paysages attrayants. Comme Ifrane mais en bien plus vaste, ou comme dans les Vosges, des vues splendides, des ponts ici

---

1. Kaab Ibn Zouhair : poète contemporain du prophète Mohammed.

et là et les sapin couvrant montagnes et plateaux.

Les vaches ont dans ces régions la même couleur rousse qu'au Maroc. De temps en temps, la route devenait moins aisée entre montagnes et vallées nécessitant de l'adresse et une plus grande concentration, mais la protection du Seigneur nous accompagnait ; le chemin du retour était plus simple, traversant des zones construites. Une chance que nous ayons vu auparavant la région des Vosges pour pouvoir comparer.

Arrivés à Millau, nous l'avons aussitôt quittée pour monter dans les hauteurs ; la ville s'est retrouvée au-dessous de nous, avec ses toitures coniques rouges. A Lodève, nous nous sommes accordé un peu de répit, le temps de prendre une photo de la ville de Millau et c'est le Midi dont le Docteur Badr, mon fils en l'occurrence, dit aujourd'hui ce que nous avions entendu des décennies auparavant : « C'est à Valence que le midi commence ».

Nous avons pris le déjeuner au restaurant « La Cavalerie ». La route de montagne qu'Henri a choisie pour le retour était difficile bien que plus courte et plus agréable. Celle de l'aller était plus aisée. Mais la nouveauté a son prix : le midi nous offrait son muscat noir dont les treilles parsemaient le passage.

Après Lodève, c'est Béziers où Jeanne a remplacé Henri au volant, après avoir cueilli autant de grappes de raisins que nous le pouvions. Henri reprenait son leitmotiv chaque fois que sa femme conduisait : « les cents appellent le sang ».

La mer fit son apparition sur notre gauche : c'était soit le golfe de l'Yonne ou bien la Méditerranée à une dizaine de kilomètres.

Béziers, la capitale des vins, est une grande ville avec des restaurants spacieux et des cafés où se concluent les marchés et où convergent les grands négociants en vins.

En direction de Narbonne, Jeanne fut quelque peu gênée par les difficultés de la route. Après avoir traversé le canal du Midi, on s'aperçut d'un léger réchauffement de la température. Nous étions déjà sur les bords de la Méditerranée, en plein dans les montagnes des Pyrénées qui culminaient à près de 4000 mètres au-dessus du niveau de la mer.

Perpignan avec son tramway et ses vastes boulevards. Puis le Perthus, la ville frontière, comme cela était indiqué sur la carte. Sur les bords de la route, dans ces montagnes majestueuses, des panneaux prévenaient contre les risques de basculer dans le vide. Nous pensions déjà à ce que nous allions voir en Espagne et en Andalousie et à ce que nous escomptions nous y procurer et qui était introuvable dans les régions du Maroc sous protectorat français.

Nous étions le dimanche 17 août à Le Perthus. Les traverses du pont étaient soutenues par une ossature en acier. La corniche y est féerique, les vues sont imprenables dans ces virages de montagnes aussi dangereux que grandioses.

Une moitié de la ville était espagnole. On y parlait cette langue et commerçait en pesetas. Dans l'autre partie on parlait français et faisait des affaires en francs. Je trouvais attrayants ces contacts entre les nations et les peuples. Des sentinelles en armes gardaient les frontières. Les soldats espagnols portaient des casques avec pendentifs. Nous avons été obligés de nous arrêter une autre fois pour régler un problème relatif au visa de Jeanne.

Vers six heures, nous prîmes possession de la totalité des papiers. Les sceaux sur nos passeports portaient la date du 17 août 1952.

A Gerona, nous avons commencé par chercher un hôtel. On était en Catalogne, dont les rapports avec le Maroc ont connu leur période faste au Moyen-âge.

Les portails des hôtels ici étaient très grands comme c'est le cas chez nous à l'hôtel Katanine à Fès, avec les mêmes anneaux. L'artisanat d'un côté comme de l'autre s'est réciproquement influencé.

Le premier hôtel que nous avons trouvé était trop onéreux : la nuitée y était facturée à 500 pesetas. Nous avons donc cherché ailleurs. Nous avons jeté notre dévolu sur « La Fonda Peres » où il y avait un restaurant. Nous avons passé l'après-midi sur la terrasse de l'hôtel à contempler inlassablement le paysage tout autour. Ils ont ici la curieuse habitude de mettre non des rideaux aux fenêtres, mais des nattes pour garder plus de fraîcheur.

Nous avons demandé au gérant de l'hôtel de nous dire ce qu'il avait au menu. Nous faisions désormais la différence entre le « menu » et la « carte » ! Nous nous sommes décidés pour une soupe, des œufs et de l'eau minérale.

Notre attention s'est focalisée sur trois statues portant l'inscription « Les trois piliers de la sagesse ». Il s'agit en fait de trois singes dont l'un fermait la bouche, le second les yeux et le troisième les oreilles. Le sens de l'allégorie était évident : elle invitait à la réserve et réprouvait toute indiscrétion et toute ingérence dans les affaires des autres.

Après notre café au lait habituel du petit-déjeuner, nous prîmes la route de Barcelone, distante d'une centaine de kilomètres. Nous parcourions sans difficulté des plaines et des plateaux. Au contraire de ce qu'on s'était laissé dire à Behonne, le revêtement de la route était en parfait état, en dépit des nombreuses montées et descentes. Nous roulions carte en main. Les paysages défilaient sous nos yeux tout au long de ces hauteurs couvertes d'arbres à la sombre verdure et la mer au bleu limpide sur notre gauche.

Les trains fonctionnaient ici à l'électricité, ce qui n'était pas le cas dans le reste de l'Espagne.

Arrivés à Barcelone, il ne nous restait à parcourir qu'une vingtaine de kilomètres sur une route toute en travaux. De temps à autres, nous jetions un regard au compteur de la voiture pour être au fait de notre consommation de carburant et de la distance parcourue.

Barcelone

C'est une ville d'une grande importance où les usines sont très nombreuses. C'est un pôle d'attraction pour un grand nombre d'immigrants qui y affluent par terre, par mer et par air. Elle constitue le nerf moteur de l'économie espagnole.

Des engins automatiques assurent le balayage du sol et sa

propreté. Les taxis ont des couleurs qui les singularisent. Jaune en bas et noir en haut. C'est à Barcelone que j'ai vu des autobus à étage même si cela ne m'a pas beaucoup emballé !

Il y a une tour unique en son genre dans cette ville. Elle se dresse telle un pain de sucre. L'église encore en construction est typique avec ses quatre tours, des statues de Marie et du Christ sont en cours d'achèvement. Je n'ai rien vu de pareil dans les monuments français à caractère religieux.

Le muscat est ici savoureux et d'un prix très abordable.

Une grande avenue a toute l'allure des Champs-Élysées. Une autre porte le nom du général Franco. La ville, qui compte une faculté de pharmacie, plusieurs hôpitaux et cliniques en toutes spécialités, est cernée par la mer au nord et les montagnes à l'ouest.

Dans une des grandes avenues, une inscription était gravée sur un mur : « Gibraltar aux Espagnols ». Je me suis alors demandé pourquoi on n'écrivait pas sur nos grands boulevards de Fès ou de Marrakech, « Sebta aux Marocains ».

Vers Valence

En entamant les 318 kilomètres qui nous séparaient de Valence, une foule de souvenirs me revint en mémoire. Je me rappelai l'ambassadeur de Valence, Ibn El Abbar. La remise de la ville aux espagnols, puis l'édit almohade autorisant ses anciens habitants à résider à Rabat, dont la famille Mouline qui habitait dans la périphérie de Valence.

Nous avons effectivement traversé un lieu appelé « Molins », à proximité de Tarcona, avec des pistes ombragées et des routes beaucoup mieux asphaltées que celle que nous avions empruntée au tout début de notre séjour en France.

Vue des hauteurs, la Méditerranée paraît très calme, rien à voir avec l'Atlantique et ses vagues tumultueuses.

Les villes se succédaient. La carte à ma disposition n'était guère exhaustive et ne mentionnait pas les villes secondaires. Certaines routes par lesquelles nous sommes passés sont littéralement inondées en hiver. Elles redeviennent praticables en été.

Les gens d'ici affectionnent les chevaux, comme il était de tradition chez les anciens habitants de l'Andalousie. J'ai beaucoup lu là-dessus. J'ai même vu un étalon dont on avait protégé la tête sous une espèce de chapeau où on avait aménagé des fentes pour ses oreilles et enveloppé la crinière d'un fourreau confectionné en feuilles de palmier nain. Certains mots du vocabulaire hippique sont encore en usage ici.

A chaque détour, nous avions droit à une surprise. Nous mîmes pieds à terre pour déjeuner dans un endroit particulièrement animé. Ce dimanche 17 août coïncidait avec une fête nationale. Les habitants s'y étaient préparés et portaient leurs habits traditionnels. Mais les festivités rebutaient, tant elles étaient désordonnées et criardes.

Nous nous sommes arrêtés voir une course de vélos. Nous fûmes rejoints par les propriétaires du restaurant où nous avions déjeuné. Ils nous rapportaient les lunettes de soleil que nous y avions oubliées. Nous les avons remerciés pour cette initiative fort louable, de celles qui rend d'excellents services au tourisme.

Nous avons pris le départ vers une heure, empruntant des routes où les travaux étaient en cours. La route vers Alicante était verdoyante ! Quelles routes ! Elles étaient encombrées de rochers dont l'un était surmonté d'une statue. De très belles routes, disait Henri, magnifiques !

Le train avait son propre tunnel.

Nous sommes à Alicante, sur le littoral, toute scintillante de lumières, surtout sur la côte. Une marée humaine, assise sur les bancs, prenait l'air. Des nattes aux fenêtres à la place de rideaux pour maintenir la fraîcheur, une coutume chez les espagnols. C'est là que nous avons passé la nuit avant de dire « Adieu » à cette côte magnifique.

Il y a dans ces contrées beaucoup de puits et des vergers à l'ancienne comme ce que nous avons connu à Rabat chez Oncle Abdellatif. L'âne fait tourner la noria pour irriguer le verger avec l'eau dont se remplissaient les godets à partir des puits. Beaucoup de citoyens marocains travaillaient là, ou étaient simplement de passage.

Nous sommes arrivés à Murcie le matin du lundi 18 août. Nous n'avons pas pu ne pas penser encore une fois au poète Abou El Baqaa de Ronda qui s'interrogeait sur le sort de Murcie. Des minarets surmontés de croix, des autobus, des parcours destinés aux charrettes. Il y a là des minarets dont tout le haut a été détruit, comme coupés en deux, c'est le cas de la Giralda, avec des palmiers ici et là.

Les portails des hôtels sont conçus en arches comme ceux d'un jardin de Fès. On rencontre de temps en temps des villages de montagne. Mais les virages sont raides et dangereux. Ainsi fut Valence.

En route vers l'île verte

Nous avons quitté Murcie et laissé de côté Carthagène qui se trouve au sud, près d'Almeria au passé maritime riche et grandiose

Les espagnols prennent grand soin de leurs avenues. Celles-ci sont illuminées et apprêtées pour recevoir les promeneurs, particulièrement celles en bordure de mer. La vue sur la mer est splendide, surtout depuis les passages montagneux.

A une dizaine de kilomètres, des soldats armés surveillent les routes. Le parti de Franco a pris le soin de dresser son emblème aux quatre flèches à l'entrée de chaque agglomération, signifiant ainsi qu'il avait le pouvoir en main.

Nous sommes passés dans un tunnel creusé sur 80 mètres à l'intérieur d'une montagne ; le mot d'ordre consistait à être en alerte.

A Malaga

Là, j'eus tout de suite en mémoire les figues de cette ville, chantées par les poètes et qui étaient commercialisées jusqu'en

Chine, à ce qu'en disait Ibn Batouta.

Nous avons mis pied à terre le temps de cueillir quelques fruits d'un figuier enraciné dans un rocher. J'en ai pris une pour Touria et une pour moi. Les campagnards ne s'y intéressaient guère.

Quatre heures moins le quart. Un versant de montagne sur la route côtière menant à l'Île Verte. Après Ronda et Marbella dont nous connaissons bien les noms, nous arrivons à l'Île Verte où nous nous sommes arrêtés pour passer la nuit du mardi 19. De là, nous parvenaient les scintillements des lumières sur Gibraltar. J'éprouvais de la nostalgie pour mon pays.

En compagnie de Jeanne, Touria s'acheta quelques figues de barbarie que nous avions l'habitude de déguster. Elles étaient succulentes !

Le jour suivant, nos passeports furent paraphés par la police espagnole à Ceuta. Le sceau portait la date du 20 août. J'éprouvais une joie extrême après un voyage si plaisant et qui n'était guère prévu. J'ai alors noté sur mon agenda : « A quoi aurons-nous droit à cette même date, l'an prochain ? »

De Ceuta nous nous sommes dirigés vers Tanger. Nous y avons passé la nuit dans un hôtel qui m'a remis en mémoire l'hôtel municipal dont le poète marrakchi Ibn Brahim a relaté des épisodes croustillants sur ses propres mésaventures avec les puces qui l'y avaient assailli. Des puces aussi grosses que des fèves et qui bâillent tant elles passent la nuit à recevoir le visiteur à qui elles n'ont pas manqué de souhaiter la bienvenue à l'entrée du restaurant.

Bien que je sois de retour dans mon pays, les visas apposés sur mon passeport m'autorisaient à entrer à Tétouan en zone espagnole et à Tanger devenue zone internationale, pour finalement pénétrer dans le Maroc sous protectorat français, le samedi 23 août 1952 qui correspondait au 2 Dil Hijja 1371 de l'hégire. Nous avions envie de retrouver les membres de la famille à Fès, qui en éprouvaient autant à notre endroit.

ÉPILOGUE

Ce voyage en Europe, et spécialement en France, a été pour moi plein d'enseignements à tous les égards. J'en ai remercié mes amis. Ils n'avaient, certes, guère besoin de prendre cette initiative pour nous assurer de leurs bons sentiments.

Je dois néanmoins préciser un point dans ce sens. Nous étions décidés à entretenir cette amitié sincère, n'était advenu ce qui arriva, ce que personne ne pouvait alors prévoir, à savoir l'exil du roi du Maroc et son bannissement à l'autre bout du monde.

Suite à quoi, nos amis ont cessé tout contact avec nous. De notre côté, nous avions quelque gène à reprendre attache avec eux. C'est là l'origine d'une rupture qu'aucun de nous ne voulait.

Après le retour de Mohammed V au Maroc, les choses ont complètement changé et de manière définitive. Il était désormais difficile aux enseignants français d'assurer leur fonction sous administration marocaine. De plus, certains jeunes fougueux et révoltés commençaient à importuner ces enseignants, sans distinction.

Malgré cela, nous continuions à souhaiter avoir des nouvelles de nos amis. J'eus la joie de recevoir, au mois d'août 1964, alors que j'étais ambassadeur de mon pays à Bagdad, une lettre de Pierre, notre petit compagnon d'alors, qui était devenu un jeune homme de vingt ans plein de vitalité. Je lui ai répondu, lui demandant des nouvelles de sa mère et de son père. Je les ai invités à visiter Bagdad. J'ai demandé à cet effet l'aide de mon collègue l'ambassadeur de France en Irak, Mr. Jacques Dumarcy.

J'aspirais à retrouver ces amis qui, par leur moralité et leur bonne compagnie, étaient un modèle. J'ai également tenté de retrouver trace du professeur Perrin qui était pour moi un frère, de la même manière que j'essayai de revoir un Français ancien compagnon de cellule entre 1944 et 1945, qui s'appelait Maurice. Il était instituteur au centre carcéral d'Aïn Ali Moumen, à Settat. C'était un homme de lettres, poète à ses heures. Il avait rédigé un poème au général De Gaulle, le suppliant de le remettre en liberté. Il était condamné à cinq ans de réclusion sous l'inculpation d'espionnage au bénéfice des Allemands. On l'avait surpris déguisé en femme. Il était imberbe et très beau. J'ai parlé de lui à mes camarades à Behonne. Ils m'ont promis d'essayer de retrouver sa trace.

Si j'éprouve aujourd'hui quelque regret, c'est bien celui d'avoir échoué à retrouver « la piste » qui me mènerait, ainsi que ma famille, à renouer contact avec celle de Jeanne et d'Henri ainsi que tous leurs descendants. Je formule le vœu que cela se réalise un jour, que ce soit en terre marocaine ou en France.

TABLE

Introduction 7
Les prémices du voyage 9
Le départ Vendredi 25 juin 1952 15
Traversée de l'Espagne 19
La France 29
La France (suite) 47
Vers les Vosges 59
Nourriture et boisson 85
Vers Paris 91
Visites et rencontres 103
Sur la route du retour 117
Épilogue 129

Achevé d'imprimer en Avril 2009
sur les presses de

Imprimerie Najah Al Jadida
Casablanca

pour le compte des Éditions du Sirocco

Dépôt légal 2009/0866

Imprimé au Maroc

www.ingramcontent.com/pod-product-compliance
Lightning Source LLC
Chambersburg PA
CBHW010718300426
44114CB00024B/2895